Arthur Wallis

FASTEN
WAS SAGT DIE BIBEL DAZU?

HEROLD-Verlag, Frankfurt/Main

Die englische Originalausgabe erschien unter dem Titel
GOD'S CHOSEN FAST
Verlag: Victory Press, London
Dieses Buch ist eine Neuauflage
und erschien früher unter dem Titel:
Ein Fasten, das Gott gefällt

4. Auflage: 26.–30. Tausend

Auslieferung: Hänssler-Verlag, 7303 Neuhausen
Brunnen-Verlag, CH-4002 Basel
Umschlag: Wolfgang Harth
Gesamtherstellung: Ebner Ulm

INHALT

VORWORT DES AUTORS

In einer Großstadt erkundigte ich mich in sämtlichen christlichen Buchhandlungen nach Büchern zum Thema Fasten. Man konnte mir keinen einzigen Band empfehlen. Kurz darauf fand ich ein Buch über das Heilfasten in einem Reformhaus der gleichen Stadt. Es stellte sich heraus, daß Ernährungswissenschaftler viel mehr über den physischen Aspekt dieses Themas schreiben als christliche Schriftsteller über den biblischen Aspekt. Es gelang mir später, doch noch einige Bücher über das Fasten aufzutreiben, doch das war nicht einfach, denn es gibt da keine große Auswahl.
Ich habe den Wert und Segen des Fastens über viele Jahre hinweg selbst erprobt. Es gab mir zu denken, daß allem Anschein nach viele gläubige Menschen sich mit diesem Thema nie ernsthaft befaßt haben. Darum wurde es mir zu einem Herzensanliegen, denen, die nach den guten Gaben Gottes hungern, meine Erfahrungen mitzuteilen und ihnen aufzuzeigen, was die Bibel zu dieser geistlichen Übung sagt. Ich wollte die wesentlichen Schriftstellen und ein Bibelstellenverzeichnis in Taschenbuchformat zusammenstellen und die praktische Seite des Fastens besonders ausführlich darstellen.
Gerade die physische, praktische Seite des Fastens erfordert das rechte Verständnis der organischen Zusammenhänge beim längeren Fasten. Das heißt aber nicht, daß jeder zu einem längeren Fasten berufen ist und ein kurzes Fasten verhältnismäßig weniger wertvoll wäre. Das trifft auf keinen Fall zu. Aber auch für den, der selbst nur kurze Zeit fastet, ist es nützlich, die Reaktion des Körpers auf ein längeres Fasten zu verstehen.
Die Erklärung physischer Zusammenhänge ist das

Vorrecht der Medizin. Hier habe ich besonders aus den Schriften von Dr. Otto Buchinger aus Bad Pyrmont und Dr. Herbert Sheldon aus San Antonio, Texas, geschöpft. Beide sind Experten auf dem Gebiet des Heilfastens. Ich danke meinen medizinischen Freunden, die das Manuskript gelesen und sorgfältig geprüft haben, wie auch allen anderen, die mir wertvolle Hinweise gegeben haben. Mein Dank gebührt ebenfalls dem inzwischen verstorbenen Professor James Orr für seinen Aufsatz über die Askese in »The Protestant Dictionary« und dem Verfasser des Aufsatzes über das Fasten in »Hastings Encyclopaedia of Religion and Ethics«.

Wenn eine vernachlässigte Wahrheit neu wieder auflebt, besteht immer die Gefahr, daß man sie dann überbetont. Ich bin mir dieser Gefahr im Zusammenhang mit diesem Thema bewußt gewesen und habe darum versucht, ihm kein anderes als das biblische Gewicht beizumessen. Man kann die Wahrheit mit einem Gemälde vergleichen: wird ein Teil des Gemäldes überbetont, so wird es zur Karikatur. Wer das Fasten über das biblische Maß hinaus betont, verzerrt ebenfalls die Wahrheit. Das hat zur Folge, daß vernünftige Menschen diesem göttlichen Gnadenmittel den Rücken kehren und es dem Exzentriker oder Fanatiker überlassen.

Fasten *ist* wichtig – wichtiger, als viele von uns meinen. Ich hoffe, das vorliegende Buch wird dies verdeutlichen. Aber das Fasten ist nicht eines der Hauptthemen der Bibel; es ist weder ein Fundament des Glaubens noch ein Allheilmittel für geistliche Probleme. Ein Fasten jedoch, das mit reinem Herzen und aufrichtigen Motiven praktiziert wird, kann zu einem Schlüssel werden, der Türen öffnet, wo andere Schlüssel versagt haben. Es kann Horizonte in der unsichtbaren Welt erschließen und zu einer geistlichen Waffe göttlicher Vorsehung werden, »die mächtig ist, zu zerstören Befestigungen«. Möge Gott vielen Seiner Kinder durch dieses Buch die geistlichen Wirkungen zeigen, die ein Gott gefälliges Fasten hervorbringen kann.

1

WARUM FASTEN?

Das Fasten ist in den letzten 150 Jahren aus der Mode gekommen – zumindest in den Kirchen des Westens. Der Gedanke, es könne tatsächlich jemand fasten, ist vielen Christen des 20. Jahrhunderts fremd. Sie kennen diesen Brauch zwar von den Christen des Mittelalters oder vielleicht von der *anglikanischen* Kirche, oder sie erinnern sich, daß politische Führer, wie Mahatma Ghandi, das Fasten als Waffe des passiven Widerstands benutzt haben. Als geistliche Übung jedoch ist es ihrer Meinung nach auf fanatische, extreme Gläubige beschränkt. Andere haben Bedenken gegen die praktische Seite. Fasten ist für sie gleichbedeutend mit Hungern, und sie fürchten, daß es schädliche Folgen haben könnte. Weil »niemand je sein eigenes Fleisch haßt, sondern es nährt und pflegt« (Epheser 5,29), sind sie sozusagen instinktiv gegen das Fasten. »Seid vorsichtig«, warnen sie, »ihr könntet eurer Gesundheit ernsthaft schaden. Mit einem solch aktiven Tagespensum könnt ihr es euch nicht leisten, körperlich herunterzukommen!«

Woher diese Einstellung gegen eine Übung, die doch so offensichtlich biblisch ist? In der nachapostolischen Zeit war das Fasten eines der Hauptmerkmale einer Askese, die im Mittelalter extreme Formen annahm und weit verbreitet war. In der Folgezeit lehnten die Leute alles ab, was nur nach Askese aussah, und noch heute leidet die Kirche unter dieser Reaktion. Auch in unseren Tagen haben wir das geistliche Gleichgewicht der urchristlichen Gemeinde noch nicht wiedergewonnen.

Ich hörte einmal eine ernste Predigt über die Antwort Jesu auf die Fastenfrage, wo er sagt, daß die Hochzeitsgäste nicht fasten werden, bis der Bräutigam von ihnen genommen wird. Der Prediger war ein begabter Bibellehrer, doch er berührte nicht ein einziges Mal das Thema des Fastens und gab auch keinerlei Hinweise, ob und wieweit es heute noch einen Platz im christlichen Leben habe.
Wenn Vorurteile oder Traditionen uns beeinflussen, können wir mit einer biblischen Wahrheit immer wieder konfrontiert werden, ohne von ihr getroffen zu werden. Unsere geistliche Verklemmung erlaubt uns zwar zu sehen, aber nicht zu erkennen. Die Wahrheit bleibt ohne Wirkung. Sie wird wohl geistig verstanden, aber nicht geistlich angewandt. Dies trifft besonders auf das Fasten zu. Wird aber eine solche Wahrheit erst einmal durch den Heiligen Geist erhellt, kommt es bei den meisten sofort zu einem geistigen Konflikt, weil die Wahrheit der Bibel plötzlich »lebendig und mächtig« geworden ist und unsere traditionellen Ansichten und Vorurteile in Frage stellt.
Das Ergebnis der Auseinandersetzung zeigt dann, ob wir für neues Leben von Gott empfänglich sind und ihm gehorchen können und dadurch in der Erkenntnis der Wahrheit wachsen. Dieses Buch stellt die Frage, ob wir unsere gegenwärtige Einstellung oder Meinungslosigkeit zum Thema Fasten der Feuerprobe des Wortes Gottes ausliefern wollen, um dann »der Schrift gemäß« zu leben (1. Korinther 4,6). Die meisten Stellen über das Fasten werden hier angesprochen. Sie werden überrascht feststellen, wieviel uns die Schrift über den Wert des Fastens zu sagen hat. Sie warnt uns aber auch vor den Gefahren, die im Fasten verborgen sind, und diese werden hier ebenfalls zur Sprache gebracht.

Zu den großen Heiligen der Bibel, die gefastet haben, gehören der Gesetzgeber Mose, der König David, der Prophet Elia und der Seher Daniel. Im Neuen Testament haben wir das Beispiel des Herrn wie Seiner Apostel. Fasten hatte seinen festen Platz im Leben der Urgemeinde. Dieser biblische Brauch war auch nicht auf Männer beschränkt, denn wir finden Hanna im Alten und Hanna im Neuen Testament in der Reihe der Fürbitter, die sowohl gefastet als auch gebetet haben. Große Gottesmänner der Kirchengeschichte übten das Fasten und bestätigten seinen Wert. Zu ihnen gehören die großen Reformatoren wie Luther, Calvin und Knox. Fasten war nie auf eine bestimmte theologische Richtung beschränkt, denn wir finden unter den Fastenden den Calvinisten Jonathan Edwards, den Arminianer John Wesley, David Brainerd und Charles Finney, also Theologen, Prediger, Geistliche und Missionare, Erwekkungsprediger und Evangelisten. Zu ihnen gehören auch Pastor Hsi aus China und Pastor Blumhardt aus Deutschland, die Gott vor einem Jahrhundert zur Befreiung der von Satan Gebundenen gebraucht hat, jeden an seinem Platz. Die Zeit würde nicht ausreichen, die wachsende Zahl derer zu erwähnen, die Gott auch heute zubereitet und zum gleichen Dienst berufen hat durch Gebet und Fasten. Die Taten der Großen bleiben meist nicht verborgen. Kaum sind diese Männer im Grab erkaltet, so durchwühlen ihre Biographen schon ihre Aufzeichnungen und privaten Tagebücher. Doch erst, wenn die Bücher im Himmel aufgeschlagen werden, wird die Zahl der unbekannten Heiligen offenbar, die ohne Tagebücher und Biographien fasteten und beteten zu dem Gott, der ins Verborgene sieht. Auch sie werden dann in der unzählbaren Schar erlesener Gottesmänner glänzen »wie die Sterne von Ewigkeit zu Ewigkeit«. In neutestamentlicher Zeit war das Fasten ein Mittel zur Erlangung von Kraft. Als aber das geistliche Leben abnahm und die Weltlichkeit in den Kirchen blühte, verlor die Kirche die Kraft und die Gaben des Geistes. Ohne innere Kraft konnten die Menschen sich nur noch an die äußeren Begleiterscheinungen klammern. Der Akt des Fastens wurde immer mehr betont, obwohl er des inneren Geistes beraubt war, der dem Fasten seinen eigentlichen Wert verleiht. Askese wurde zum Merkmal der Frömmigkeit und des geistlichen Lebens. Was Paulus über »die Leute, die eine äußere Form der Frömmigkeit besitzen, deren Kraft aber verleugnen« (2. Timotheus 3,5) gesagt hatte, erfüllte sich.

Dem Herrn sei Dank, daß ein neuer Tag angebrochen ist und ein neuer Durst nach dem Geist in der schläfrigen Kirche aufbricht. Es ist ein Tag der geistlichen Erneuerung, ein Suchen und Fragen, eine Last und ein Verlangen. Der Herzensschrei der Gemeinde steigt zum Himmel empor. Der Geist Gottes antwortet. Das kann nichts anderes sein, als die ersten Geburtswehen eines neuen Zeitalters. Gott will eine herrliche Gemeinde ohne Flecken und Runzeln, eine Braut, die seines geliebten Sohnes würdig ist. Ich bin überzeugt, daß wir in diesen Geburtswehen eines der verlorenen Geheimnisse der Urgemeinde wieder entdecken werden: die Kraft, die freigesetzt wird durch wahrhaft biblisches Fasten, ein Fasten für Gott.

2

GEWÖHNLICHES FASTEN

»Er fastete vierzig Tage und vierzig Nächte, und danach hungerte ihn« (Matthäus 4,2).

Manche Leute versuchen, die klaren Aussagen der Bibel zu vergeistlichen, wenn ihnen die einfache, wörtliche Bedeutung nicht behagt. Damit berauben sie sie ihrer kraftvollen Wirkung. Ist die Wahrheit erst einmal vernebelt, dann ist sie auch praktisch nicht mehr anwendbar. Ihre Schneide ist stumpf, sie kann nicht mehr durchdringen. So ist die Kirche – insbesondere die evangelikale – mit der biblischen Lehre vom Fasten verfahren.

»Fasten«, heißt es dann, »ist nicht einfach Verzicht auf Nahrung, sondern Verzicht auf alles, was unsere Gemeinschaft mit Gott hindert.« Oder: »Fasten bedeutet verzichten, Selbstverleugnung üben.« Die Bedeutung muß nur entsprechend erweitert werden, und schon ist ihr die trennende Schärfe genommen.

Sicher gibt es neben Eßbarem viele Dinge, die unserer Gemeinschaft mit Gott im Wege stehen. Ohne Zweifel sollen wir in allem Selbstverleugnung üben. Doch Tatsache ist, daß »fasten« an erster Stelle »nicht essen« bedeutet. In biblischen Zeiten gab es drei Hauptarten des Fastens, doch jede Form bestand aus buchstäblicher Abstinenz. Wenn der Begriff auch zeitweise erweitert wird, um andere Arten der Selbstverleugnung mit einzubeziehen, so ändert das nichts an seiner Grundbedeutung.

Wir wollen diese erste und bekannteste Art »das gewöhnliche Fasten« nennen. Worum es sich dabei handelt, geht klar aus der ersten Erwähnung des

Fastens im Neuen Testament hervor: Jesus fastete, und danach hungerte ihn. Es bedeutete Verzicht auf alle Nahrung in fester oder flüssiger Form, aber nicht Verzicht auf Wasser. Aus den Einzelheiten des Berichts können wir schließen, daß unser Herr auf diese Weise gefastet hat.

Es heißt, daß »er nichts aß« (Lukas 4,2), jedoch nicht, daß er nichts trank. Danach »hungerte ihn«; von Durst wird nichts berichtet. Obwohl Durstqualen schlimmer sind als Hunger, wollte Satan ihn zum Essen verführen, nicht zum Trinken. All dies läßt uns annehmen, daß das Fasten ein Verzicht auf Nahrung, aber nicht auf Wasser war. Der menschliche Organismus könnte auch nicht vierzig Tage ohne Wasser leben, es sei denn, er würde auf übernatürliche Weise erhalten.

Es besteht keine Veranlassung anzunehmen, daß echtes Fasten den Verzicht auf Schlaf einschließt. Gott ruft uns vielleicht dazu auf, dies für sehr kurze Zeitspannen zu tun, z. B. den Schlaf einer Nacht zu opfern. Paulus spricht von »Wachen« im Unterschied zu »Fasten« (2. Korinther 6,5; 11,27). Wenn der Verzicht auf Schlaf für das Fasten von Bedeutung wäre, wäre ein langes Fasten nie möglich, es sei denn mit übernatürlicher Hilfe. Der Körper verlangt nach Schlaf noch mehr als nach Wasser und würde früher oder später einfach erliegen, womit dann das Fasten ungewollt unterbrochen wäre.

Aus 1. Korinther 7,3–5 können wir schließen, daß zum Fasten für Verheiratete auch der Verzicht auf ehelichen Verkehr gehört; doch muß dies jeweils im beiderseitigen Einverständnis geschehen. Wir können hier nicht dogmatisch sein; doch ist es ziemlich sicher, daß die Einfügung des Wortes »Fasten« (Vers 5) im Text der Lutherübersetzung eine Randbemerkung darstellt und nicht zum Urtext gehört.

Der Gedanke des Fastens ist auf jeden Fall vorhanden.
Das gewöhnliche Fasten war also Verzicht auf jede Form von Nahrung, ohne Verzicht auf Wasser. Dieses Fasten muß von den beiden anderen, dem absoluten und dem teilweisen Fasten, unterschieden werden, denen wir uns nun zuwenden wollen.

3

ABSOLUTES FASTEN

»Drei Tage aß und trank er nicht« (Apostelgeschichte 9,9).

Es gibt in der Bibel ein paar Beispiele des absoluten Fastens, das heißt, des Verzichts auf Essen *und* Trinken. Normalerweise war es auf drei Tage beschränkt, weil ein längerer Verzicht sich wahrscheinlich schädlich auf den Körper ausgewirkt hätte. Der Körper kann zwar lange Zeit ohne Nahrung sein und organisch dadurch sogar profitieren; doch ohne Wasser hält er es nur sehr kurze Zeit aus.
Von Esra wird berichtet: Er blieb über Nacht, aß kein Brot und trank kein Wasser, denn er trug Leid um den Treubruch derer, die aus der Gefangenschaft gekommen waren (Esra 10,6). Schmerz und Erschrecken erfaßten ihn über den schändlichen Kompromiß des Volkes, angeführt von den Priestern, Leviten und Beamten. Überwältigende Sorge trieb ihn zum Fasten, so daß er weder Nahrung noch Wasser zu sich nahm: »Ich zerriß mein Kleid und meinen Mantel und raufte mir Haupthaar und Bart und setzte mich bestürzt hin« (Esra 9,3).
Königin Ester gab Mardochai die Anweisung: »Fastet für mich, daß ihr nicht eßt und trinkt drei Tage lang, weder Tag noch Nacht. Auch ich und meine Dienerinnen wollen so fasten« (Ester 4,16). Ein äußerst gefährliches Edikt drohte das ganze jüdische Volk auszurotten. Ester durfte auch als Königin für sich keine Schonung erwarten. Sie rief zu diesem absoluten Fasten auf, weil verzweifelte Situationen eben radikale Maßnahmen erfordern.
Von Tarsus kam Saul nach Damaskus, betäubt und

blind durch seine Begegnung mit dem auferstandenen Christus, und »drei Tage lang aß und trank er nichts« (Apostelgeschichte 9,9). Die geistliche Revolution im Innern dieses jungen Pharisäers veränderte nicht nur *sein* ganzes Leben, sondern prägte auch die Geschichte der Gemeinde Jesu. Die Umwälzung war wahrscheinlich so tiefgreifend, daß er an Essen oder Trinken überhaupt nicht dachte.

Die Bibel gibt uns Beispiele von absolutem Fasten, das übernatürlichen Charakters war, allein wegen der langen Dauer. Zweimal weilte Mose jeweils vierzig Tage und vierzig Nächte in der Gegenwart Gottes, ohne zu essen oder zu trinken (5. Mose 9,9.18; 2. Mose 34,28). Das erste Mal war die Zeit, als er die Zehn Gebote von Gott erhielt, das zweite Mal folgte unmittelbar darauf, nachdem er entdeckt hatte, daß das Volk das goldene Kalb anbetete und so das Gesetz gebrochen hatte, bevor es ihm offiziell gegeben worden war. Diese beiden Fastenzeiten folgen einander zeitlich ohne Zwischenpause und bilden zusammen zweifellos das längste Fasten in der Bibel, nämlich 80 Tage ohne Nahrung und Flüssigkeit.

Auch Elias Weg zum Berg Horeb wurde allem Anschein nach unter absolutem Fasten zurückgelegt. Trifft dies zu, so muß es sich um ein übernatürliches Fasten gehandelt haben. Als er unter dem Wacholderbaum schlief, auf der Flucht vor Isebel, wurde er von einem Engel geweckt und mit einem gerösteten Brot und einem Krug Wasser versorgt. Zweimal wurde er aufgefordert, zu essen und zu trinken, und dann »ging er durch die Kraft der Speise vierzig Tage und vierzig Nächte bis zum Berg Gottes, dem Horeb« (1. Könige 19,8).

Ein so langer Weg durch die glühende Wüste ohne

Nahrungseinnahme stellt ein absolutes Fasten dar, das übernatürlicher Art ist, wie das Fasten Moses. Darin sehen wir eine weitere bedeutungsvolle Parallele zwischen diesen beiden führenden Vertretern des alten Bundes. Mose, der Gesetzgeber, und Elia, der Wiederhersteller des Gesetzes (Maleachi 3,22–23; Markus 9,12), beendeten beide ihr Leben auf übernatürliche Weise, wie auch ihr Wiedererscheinen auf dem Berg der Verklärung übernatürlicher Art war.

Wir lassen nun solche bahnbrechende, übernatürliche Fasten beiseite. Sie zeigen, daß das absolute Fasten eine außergewöhnliche Maßnahme für außergewöhnliche Situationen ist. Ein solches Fasten ist gewöhnlich geistlichen Notfällen vorbehalten. Wir kennen extreme Situationen, die sich durch gewöhnliches Gebet und Fasten nicht geändert haben, sondern erst, nachdem Gott den Fürbitter zum absoluten Fasten angeregt hatte. Ganz besonders trifft dies auf Fälle starker Besessenheit durch böse Geister zu. Um länger als drei Tage in solchem Fasten zu verbringen, sollte man ganz sicher sein, daß dies der Wille Gottes ist.

4

TEILWEISES FASTEN

»Ich aß keine leckere Speise; Fleisch und Wein kamen nicht in meinen Mund« (Daniel 10,3).

Hier geht es um Einschränkung der Kost, nicht um völligen Verzicht. Zu Beginn des Buches Daniel werden uns Daniel und seine drei Gefährten vorgestellt. Aus den hebräischen Verbannten wegen ihrer vornehmen Herkunft und hohen Bildung ausgewählt, sollten sie eine besondere Ausbildung erhalten, um später am Hof des Königs von Babylon eingesetzt zu werden.

Diese Männer beschlossen, sich weder mit der reichen Kost des Königs noch mit dem Wein, den er trank, zu verunreinigen, da diese zuvor den babylonischen Göttern geopfert waren. Statt dessen erbaten sie sich Gemüse und Wasser. Der zuständige Aufseher erklärte sich damit einverstanden, die Wirkung dieser einfachen Kost zehn Tage lang zu erproben. Danach »sahen sie schöner und kräftiger aus als alle jungen Leute, die von des Königs Speise aßen« (Daniel 1,15).

Ob es sich hier um einen übernatürlichen Eingriff handelt oder nicht, ist schwer zu sagen. Eine ernährungswissenschaftlich allgemein akzeptierte Tatsache ist jedoch, daß einfache, gesunde Nahrung viel bekömmlicher ist als reichliche, üppige Kost. In Kreisen, in denen ständig viel gegessen und getrunken wird, treten oft Krankheiten auf, die vom übermäßigen Essen und Trinken verursacht werden. Auch die Koronarthrombose gehört dazu. Andererseits profitiert der Körper durch alle Formen des Fastens. In außerchristlichen Kreisen wird allein aus

Gesundheitsgründen gefastet. Der Wert des teilweisen Fastens beschränkt sich jedoch nicht nur auf körperliches Wohlergehen. Das Buch Daniel beschreibt, wie dieser Prophet eine Offenbarung über die Zukunft seines Volkes Israel von Gott empfing, und wie er den Herrn suchte, um diese Vision verstehen zu können: »Zu der Zeit trauerte ich, Daniel, drei Wochen lang. Ich aß keine leckere Speise; Fleisch und Wein kamen nicht in meinen Mund; und ich salbte mich auch nicht, bis die drei Wochen um waren« (Daniel 10,2–3).

Wir erfahren nicht, weshalb er nicht fastete, wie er es im vorhergehenden Kapitel beschrieben hatte. Vielleicht ließen Staatsgeschäfte oder andere Umstände dies nicht zu; oder Gott führte ihn eben anders. Zweifellos ist ein solches Einschränken der Kost zu Zeiten, in denen man Gott besonders sucht, eine wertvolle Hilfe. Daniel erwuchs daraus ein herrlicher geistlicher Sieg über die Mächte der Finsternis sowie die Vision durch einen Engel.

Ein Fasten, ähnlich dem teilweisen Fasten, können wir auch bei Elia in der Zeit seiner geistlichen Vorbereitung beobachten. Am Krith brachten ihm die Raben morgens und abends Brot und Fleisch, und dazu trank er aus dem Bach. Im Haus der Witwe von Zarpat lebte er dann von einfachen Kuchen aus Mehl und Öl (1. Könige 17).

Für einen, dem geistliche Kraft anvertraut werden sollte, war die Übung in Selbstverleugnung unerläßlich. Auch war es durchaus angebracht, daß der Diener Gottes kärglich aß, während seine Landsleute sich oft dem Hungertod ausgeliefert sahen. Um notleidenden Menschen wirklich dienen zu können, müssen wir uns mit ihnen so identifizieren, daß wir auf ihrer Ebene leben.

Eine gläubige Russin beeindruckte einst ein christliches Ehepaar mit dieser Einstellung. Sie verbrachte einige Zeit auf deren Farm, nachdem sie auf wunderbare Weise bekehrt worden war und Gottes Ruf erhalten hatte, in einem Verschlepptenlager in Österreich für ihn zu arbeiten. Bei den Mahlzeiten wies sie höflich die Fleischsoße zurück, die häufig angeboten wurde, und beschränkte sich auf das einfachste Essen mit dem Hinweis, sie könne nicht anders, da doch ihre Brüder und Schwestern und die Leute, unter denen sie arbeite, in so großer Not lebten. Solche Selbstverleugnung wird Gott immer belohnen.

Eine Parallelgestalt des Elias ist Johannes der Täufer. Das Evangelium berichtet, daß er oft fastete und nur von einfacher Kost lebte, die aus Heuschrecken und wildem Honig bestand.

Das teilweise Fasten bietet verschiedene Alternativen, die sich als segensreich erwiesen haben. Man kann zum Beispiel fasten, indem man sich auf eine einzige Kost beschränkt. John Wesley tat dies, als er seine Arbeit in Georgia aufnahm, und zwar lebte er ausschließlich von trockenem Brot. Dies geschah im Zusammenhang mit einem Fall von dämonischer Besessenheit, um den es sich seiner Meinung nach handelte.

Andere fasteten teilweise, indem sie eine bestimmte Mahlzeit des Tages übergingen und somit die Menge der Nahrung einschränkten. Rees Howells tat dies, wie wir aus seiner Biographie erfahren, zu einer Zeit, als Gott ihn für eine neue Arbeit vorbereitete: »Er aß viele Tage lang nicht zu Mittag . . . sondern verbrachte die Stunde mit Gott.« Allerdings heißt es hier wachsam sein, um sicherzugehen, daß die ausgelassene Mahlzeit nicht bei der nächsten nachgeholt wird!

Diese Art von Fasten ist höchst nützlich, wo

Umstände ein gewöhnliches Fasten unmöglich oder schwierig machen. Es erfordert gewiß nicht weniger Selbstdisziplin! Es ist besonders für ältere Personen oder solche mit schwacher Konstitution geeignet, die ein gewöhnliches Fasten vielleicht nicht durchhalten können. Es kann auch als Sprungbrett zum gewöhnlichen Fasten dienen für diejenigen, die noch nie gefastet haben. Ein großer Vorteil dabei ist, daß auch nach längerem Teilfasten gleich zu normaler Kost übergegangen werden kann, was bei den anderen beiden Arten des Fastens nicht so ist.
Bei allen drei Hauptarten des Fastens, die besprochen wurden, haben wir biblische Beispiele dafür, daß sowohl öffentlich als privat, regelmäßig oder gelegentlich, unfreiwillig oder freiwillig gefastet werden kann. Verschiedene Nöte und Situationen bewegen die Menschen zu fasten. Wir wollen sehen, wie wir das auf unser Leben anwenden können. Doch zunächst gilt es, die beiden Kernaussagen unseres Herrn über das Fasten zu betrachten, denn diese sind ausschlaggebend für unsere Einstellung zum ganzen Thema.

5

NICHT »FALLS«, SONDERN »WENN«

»Wenn du nun Almosen gibst, ... wenn ihr betet, ... wenn ihr fastet« (Matthäus 6,2.15.16).

Der große Missionsauftrag Jesu an seine Apostel lautete: »Macht alle Völker zu Jüngern und lehrt sie alles zu halten, was ich euch befohlen habe« (Matthäus 28,29.20). In den vergangenen hundert Jahren hat man die Lehre der apostolischen Briefe derart betont und hervorgehoben, daß die Lehre Jesu in den Evangelien zweitrangig erscheinen mußte.
Einige haben gar behauptet, die Bergpredigt treffe für die Gläubigen unserer Zeit nicht mehr zu. Sie sei im Grunde messianisch und jüdisch und für die Erfüllung in einem zukünftigen tausendjährigen Reich bestimmt. Das ist ein gewaltiger Irrtum und widerspricht dem Missionsauftrag Jesu. Der Sinn dieser Worte ist doch gewiß der, daß das, was Jesus seinen Jüngern anvertraute, jeder folgenden Generation von Jüngern gelehrt werden und von allen befolgt werden sollte, bis die Zeit erfüllt ist (1. Timotheus 6,3–4a).
Was hat nun der Herr seinen Jüngern über das Fasten gesagt? Das muß auch Maßstab für uns heute sein. Der oben angeführte Bibelvers ist die erste der beiden Aussagen des Herrn zu diesem Thema.
Als Jesus vom Almosengeben, Beten und Fasten sprach, warnte er seine Zuhörer davor, ihre Frömmigkeit zur Schau zu stellen (Matthäus 6,1–18). Er sagte auch nicht: »*Falls* du Almosen gibst«, sondern: »*Wenn* du Almosen gibst.« Es war selbstverständlich für ihn, daß die künftigen Jünger das Geben als ihre Pflicht ansehen würden. Auch sagte er nicht:

»*Falls* ihr betet«, als ob sie sich für oder gegen das Beten entscheiden könnten, sondern: »*Wenn* ihr betet.« Er setzte voraus, daß sie das Gebet als lebensnotwendig erachten würden.

In gleicher Weise heißt es nicht: »*Falls* ihr fastet«, als würden die Jünger individuell dazu angeregt werden, oder als wäre es nur einigen Auserwählten vorbehalten, wie etwa den Aposteln, Propheten, Predigern oder leitenden Persönlichkeiten. Eindeutig, bestimmt und ohne Einschränkung sagt er allen Jüngern: »*Wenn* ihr fastet . . .!« Er ließ keinen Zweifel darüber, daß er von seinen Jüngern erwartete, daß sie sich im Fasten und Beten und Geben vom Heiligen Geist leiten lassen würden.

Es ist bedeutsam, daß der Herr das Fasten als eine geistliche Übung unabhängig vom Beten bezeichnet. Obwohl die beiden in der Schrift und in der Praxis häufig miteinander verknüpft sind, muß das nicht unbedingt der Fall sein. Wir sollten das Fasten nicht als etwas Halbes betrachten, das nur in Verbindung mit Gebet vollständig ist. Im Gegenteil, es hat seine eigene Daseinsberechtigung und dient zuweilen einem eigenen geistlichen Zweck.

Genau wie das Beten ohne Fasten, kann auch das Fasten ohne Beten Gott wohlgefällig sein – ganz einfach als Fürbitte. Beim Fasten im Buch Ester ist nichts von gleichzeitigem Gebet erwähnt. Das Fasten der Propheten und Lehrer in der Gemeinde zu Antiochia (Apostelgeschichte 13,2) drückte eher Anbetung als Bitte aus. Auch wenn man die Zeit des Fastens nicht ausschließlich im Gebet verbringen kann, ist diese Zeit darum ihres geistlichen Wertes nicht beraubt. Das Fasten hat ja viele Funktionen. Und nur eine, wenn auch wichtige, ist seine Bedeutung im Zusammenhang mit der Fürbitte.

6

JETZT IST DIE ZEIT

»Es wird aber die Zeit kommen, daß der Bräutigam ihnen genommen ist; dann werden sie fasten« (Matthäus 9,15).

Die zweite wichtige Aussage Jesu über das Fasten beantwortet eine Frage der Jünger Johannes des Täufers. »Warum fasten wir und die Pharisäer so viel«, fragten sie, »doch deine Jünger fasten nicht?« Christi Antwort trifft den Kern der Frage, ob Christen heute fasten sollten: »Wie können die Hochzeitsgäste Leid tragen, solange der Bräutigam bei ihnen ist? Es wird aber die Zeit kommen, daß der Bräutigam ihnen genommen ist; dann werden sie fasten.«

Es gab Zeiten, in denen Jesus und seine Jünger hungerten oder wegen zu starker Beanspruchung nicht genügend Zeit zum Essen fanden; doch es gibt keinen Beweis dafür, daß er oder die Jünger ein bestimmtes freiwilliges Fasten durchgeführt hätten, außer in den 40 Tagen des Herrn in der Wüste vor Beginn seines öffentlichen Dienstes. Hier nennt er den Grund. Der Bräutigam war noch bei den Hochzeitsgästen; es war eine Zeit des Feierns und nicht des Fastens, der Freude und nicht der Trauer.

Ein neuer Tag war angebrochen. Das Königreich Gottes war nahe. Die alte Ordnung mit ihren Riten und Zeremonien, mit der Sklaverei des Gesetzes, war für immer vorbei. Selbst als der Bräutigam von ihnen genommen wurde, gab es keine Rückkehr zur Gesetzlichkeit und zum Asketentum der alten Ordnung mehr. Seine Jünger würden wohl wieder fasten, doch aus anderen Gründen und in einem anderen Geist als bisher; nicht in derselben Weise wie die Pharisäer, ja nicht einmal wie Johannes der Täufer. Jesus fuhr fort zu erklären, daß der alte jüdische Weinschlauch kein geeigneter Behälter für den neuen Wein des Geistes war: »Es wird die Zeit kommen, daß der Bräutigam ihnen genommen wird; dann werden sie fasten.« Das ist vielleicht die entscheidendste Aussage im Neuen Testament zur Frage des Fastens. Welche Zeit meinte Jesus? Konnte er die sehr kurze Zeitspanne gemeint haben zwischen seiner Gefangenschaft und seiner Auferstehung? Einige haben dies auf Grund seiner Worte angenommen: »Eine kurze Zeit, dann werdet ihr mich wiedersehen ... Wahrlich, wahrlich, ich sage euch: Ihr werdet weinen und klagen, aber die Welt wird sich freuen; ihr werdet leiden, doch euer Leid soll in Freude verwandelt werden« (Johannes 16,16.20). G. Campbell Morgan vertritt diese Ansicht: »Er wurde von ihnen genommen, und sie fasteten und waren traurig während dieser dunklen Tage; doch er kam zurück und sagte zu ihnen, als er auf dem Ölberg stand: ›Siehe, ich bin bei euch allezeit.‹ Da ist nun kein Anlaß mehr für Trauer; kein Anlaß für ein trauriges, gequältes Gesicht, sondern da ist Grund zur Fröhlichkeit, zur Freude und für ein fröhliches Herz.«

Nach dieser Auffassung waren die Tage der Abwesenheit des Bräutigams auf drei oder höchstens 40 beschränkt. Mit der Auferstehung und mit dem Wiedererscheinen Christi war daher die Zeit des Fastens vorüber.

So angenehm diese Auffassung auch manchen erscheinen mag, ist sie doch aus mehreren Gründen unhaltbar. Erstens leben wir nicht in einer Zeit ungetrübter Freude. Natürlich gibt es Freude, doch sie ist gemischt mit Traurigkeit. Solange Sünde und Schmerz und Kampf uns umgeben, gibt es Anlaß zur

Trauer. »Wir müssen durch viel Trübsal in das Reich Gottes eingehen.«
Abgesehen davon, wie könnte es wohl ungetrübte Freude geben, solange unser geliebter Herr und Meister noch darauf wartet, sein Reich einzunehmen, die Arbeit seiner Seele belohnt zu sehen und in allem volle Genugtuung zu erfahren? Gewiß gelten hier seine eigenen Worte: »Selig sind, die da Leid tragen«, auch für unsere Zeit.
Die Worte des Herrn sprechen nur von zwei Zeitabschnitten: der Zeit der Freude, »solange der Bräutigam bei ihnen ist«, die gerade in Erfüllung ging; die Zeit des Leides sollte folgen: »Es wird aber die Zeit kommen, daß der Bräutigam ihnen genommen ist.« Die oben angeführte Auslegung spricht jedoch noch von einer dritten Phase, in der der Bräutigam zu ihnen zurückkehrt. Davon sagt Christus aber nichts.
Im Gleichnis unseres Herrn freuen sich die Gäste bei der Hochzeit, weil der Bräutigam bei ihnen ist. Sobald die Feier vorbei ist, geht der Bräutigam weg, und die Gäste sind traurig, weil sie nicht wissen, wann sie ihn wiedersehen werden. »Es wird aber die Zeit kommen, daß der Bräutigam ihnen genommen ist.« Das läßt auf eine Abwesenheit von ungewisser Dauer schließen, doch sicher länger, als der kurze Zauber des Festes. Die Zeit der Freude und des Feierns sind eindeutig die Jahre seines irdischen Dienstes. Können wir annehmen, daß mit der Zeit der Trauer und des Fastens nur die Tage der Abwesenheit gemeint waren, bis er bei der Auferstehung wieder erschien? Wo ist dann der Beweis, daß sie während dieser drei Tage fasteten? Als er ihnen im Obergemach erschien und fragte, ob sie etwas zu essen hätten, konnten sie ihm einen gekochten Fisch anbieten (Lukas 24,41–42).

Wir müssen also die Zeit seiner Abwesenheit auf die Zeitspanne beziehen, die zwischen seiner Rückkehr zum Vater und seiner Wiederkunft vom Himmel liegt. So haben ihn offensichtlich auch seine Apostel verstanden, denn erst seit seiner Himmelfahrt zum Vater wird berichtet (Apostelgeschichte 13,2–3), daß sie fasteten.

Bevor der Bräutigam sie verließ, versprach er, wiederzukommen, um sie zu sich zu holen. Die Gemeinde Jesu erwartet immerfort den Ruf um Mitternacht: »Siehe, der Bräutigam! Geht ihm entgegen!« (Matthäus 25,6). Wir leben in der Zeit des abwesenden Bräutigams. Heute ist die Zeit, auf die unser Meister hinwies, als er sagte: »Dann werden sie fasten.« Diese Zeit ist *jetzt*!

Diese Worte Jesu waren prophetisch gesprochen. Die ersten Christen, wie auch viele heilige Männer und Frauen der folgenden Generationen, haben danach gehandelt. Wo sind die Menschen, die heute diese Prophezeiung erfüllen? Wie wenige sind es doch – Ausnahmen eher als die Regel – zum Schaden der Gemeinde Jesu!

Doch eine neue Generation ist im Kommen. Die Herzen vieler sehnen sich danach, apostolische Vollmacht wiederzuerlangen. Wie sollten wir sie aber erlangen können, wenn wir das apostolische Glaubensleben außer acht lassen? Wie können wir den Strom der Vollmacht erwarten, ohne die Zubereitung des Flußbettes? Fasten ist ein von Gott eingesetzes Mittel für die Übertragung seiner Gnade und Kraft. Wir können es uns nicht länger leisten, das Fasten zu vernachlässigen.

Fasten in unserer Zeit drückt nicht nur Trauer über die Abwesenheit Christi aus, sondern dient zur Vorbereitung seiner Wiederkunft. Möchte doch unsere Generation diese prophetischen Worte erfül-

len: »Dann werden sie fasten.« Eine fastende und betende Kirche wird dereinst den freudigen Ruf hören dürfen: »Siehe, der Bräutigam kommt!« Dann werden alle Tränen abgewischt und das Fasten wird abgelöst werden vom Hochzeitsmahl des Lammes.
Der Geist und die Braut sprechen: »Komm!«
»Ja, ich komme bald.«
Amen. Komm, Herr Jesus! (Offenbarung 22,17.20).

7

DIE REGELMÄßIGEN UND ÖFFENTLICHEN FASTEN

»Du aber geh hin und lies die Schriftrolle . . . am Fasttage« (Jeremia 36,6).
»Sagt ein heiliges Fasten an, ruft die Gemeinde zusammen!« (Joel 2,15).

Wir haben bereits festgestellt, daß das Fasten gewöhnlich zu bestimmten Zeiten aus einem bestimmten Bedürfnis heraus geschieht und daß es eine persönliche Angelegenheit zwischen dem einzelnen und Gott darstellt. Die regelmäßigen, öffentlichen Fasten, von denen die Schrift berichtet, sind offensichtlich Ausnahmen. Zwischen diesen beiden Arten besteht ein Zusammenhang: fast alle regelmäßigen Fasten in der Bibel waren auch öffentlich, doch nicht alle öffentlichen Fasten waren deshalb auch regelmäßig.

Der Versöhnungstag, zum Beispiel, an dem jeder Israelit sich dem Wort Gottes gemäß kasteien sollte (3. Mose 23,27; Psalm 35,13 und Jesaja 58,5), war das einzige regelmäßige, vom mosaischen Gesetz vorgeschriebene Fasten. Aus der Apostelgeschichte (27,9) erfahren wir, daß dieses Fasten von den Juden auch noch in der neutestamentlichen Zeit gehalten wurde. Außer einem »Fasttag« in Jeremias Tagen (Jeremia 36,6), gab es laut Sacharja 8,19 vier regelmäßige Fasten zur Erinnerung an die vier Hauptereignisse im Zusammenhang mit der Zerstörung Jerusalems.

Zur Zeit Jesu war diese Praxis des regelmäßigen Fastens von den Pharisäern ausgefeilt worden. Sie machten daraus einen gesetzlichen Zwang, wie sie das mit vielen anderen geistlichen Dingen taten, mit denen sie sich befaßten. Christus stellt uns den typischen Pharisäer vor Augen als einen Mann, der in seinem Gebet prahlt: »Ich faste zweimal in der Woche« (Lukas 18,12). Im zweiten und dritten Jahrhundert nach Christus wurden der Mittwoch und der Freitag jeder Woche zu Fastentagen bestimmt. John Wesley nahm diesen Brauch bei den ersten Methodisten wieder auf.

Es besteht natürlich immer die Gefahr, daß eine gewohnheitsmäßige geistliche Übung zu einer leeren Formsache wird, zu einem Ritual ohne geistlichen Inhalt. Aber wir können das regelmäßige Fasten wegen dieser Gefahr nicht einfach ablehnen. Wir lehnen ja auch regelmäßige Gebetszeiten oder den Brauch, Gott regelmäßig unser Opfer zu geben, nicht ab, nur weil die Pharisäer diese Dinge ebenfalls mißbrauchten. Regelmäßiges Fasten muß genausowenig in ein Ritual ausarten wie das regelmäßige Beten.

Es muß betont werden, daß Fasten – ob regelmäßig oder gelegentlich – eine persönliche Sache zwischen dem einzelnen und Gott ist. Die Geschichte lehrt, jeglichem Bestreben zu widerstehen, das aus dem regelmäßigen Fasten des einzelnen einen Brauch in der Gemeinde machen möchte. Nur ein kleiner Schritt ist notwendig, um aus dem Brauch ein Kirchengesetz werden zu lassen, das die Gläubigen befolgen müssen. Damit wäre ein weiteres Joch um den Hals der Jünger gelegt, das weder die Kirchenväter noch ihre Nachfolger tragen konnten. Dieses Thema kommt im Kapitel über die Askese zur Sprache.

Es liegt wirklich ein großer Segen auf dem regelmäßigen Fasten, wenn die Gewohnheit nicht zu einer Form ohne Geist und Leben erstarrt und wenn wir nicht versuchen, unsere persönliche Herzensangelegenheit anderen aufzuzwingen. Das Fasten gibt regelmäßig Gelegenheit zur geistlichen Prüfung und Neu-Orientierung und beschenkt uns mit dem immer kostbarer werdenden Gut: »Zeit«. Ein regelmäßiger Fastentag pro Woche kann uns zwei Stunden zur Verfügung stellen, die sonst für drei oder vier Mahlzeiten gebraucht würden. Diese Zeit könnte ausschließlich für Reich-Gottes-Arbeit eingesetzt werden, vorzüglich für den Dienst des Gebetes: ein wöchentliches Stärkungsmittel für Seele und Leib, das gleichzeitig anderen zum Segen werden kann.

Einer der vielen, die sich diesen Luxus gestatteten, war Robert Chapman von Barnstaple, der Gründer der Offenen Bruderschaft (1803–1902). Er fastete jeden Samstag. An diesem Tag empfing er keinen Besuch, sondern schloß sich in seiner Werkstatt ein, um mit Gott und seiner Drehbank allein zu sein. Diese Zeit diente der Erholung, der Gemeinschaft mit Gott und der Vorbereitung seiner Seele für den kommenden Tag des Herrn. Einer, der ausnahmsweise an einem Samstag die Werkstatt aufsuchen mußte, berichtete: »Sein Gesicht leuchtete wie das eines Engels.«

Wer kann sagen, in welchem Maß diese Gewohnheit zur geistlichen Größe Robert Chapmans und zur Innigkeit seines Wandels mit Gott beigetragen hat? Viele möchten gern die Heiligkeit seines Herzens und Lebens erlangen, ohne den Weg zu gehen, den er gegangen ist. »Warum sind wir noch nicht weiter in der Heiligung?« fragte John Wesley seine Prediger. Auch er war ein regelmäßig Fastender. Er gab ihnen die Antwort: »Weil wir zur Hauptsache Enthusiasten sind, die das Ziel ohne die Mittel erreichen wollen.«

Die regelmäßigen Fasten im Alten Testament waren öffentlich und allgemein. Doch es gab auch öffentliche Fasten, die vereinzelt aus Zeiten besonderer Not heraus ausgerufen wurden. König Josafat rief das Volk zum Fasten auf, als Juda überfallen werden sollte (2. Chronik 20, 1–4). Esra rief ebenfalls die aus der Verbannung zurückkehrenden Leute zum Fasten auf, bevor sie ihre gefährliche Reise nach Jerusalem mit den kostbaren Geräten für den Tempel antraten (Esra 8,21–23). Das ungewöhnlichste war wohl das öffentliche Fasten in der Stadt Ninive, das auf Grund der Predigt des Jona gehalten wurde. Wir werden in einem späteren Kapitel darüber sprechen.

Diese Begebenheiten zeigen, daß öffentliche Fasten in Zeiten nationaler oder geistlicher Krisen ausgerufen wurden, ähnlich wie im Zweiten Weltkrieg der König die Briten zu einem Gebetstag aufgerufen hat. Zweihundert Jahre zuvor war dasselbe Volk zu einem »Tag heiligen Fastens und Betens« aufgerufen worden angesichts der drohenden Invasion durch die Franzosen. Über diesen Freitag, den 6. Februar 1756, schrieb Wesley in seinem Tagebuch: »Der Fasttag war ein herrlicher Tag, so herrlich, wie London kaum einen erlebt hat seit dem Wiederaufbau der Stadt. Jede Kirche der Stadt war überfüllt und es lag ein feierlicher Ernst auf allen Gesichtern. Gott erhört gewiß das Gebet, und unsere Ruhe wird verlängert werden.«

In einer Fußnote heißt es dazu: »Demut wurde in allgemeine Freude verwandelt, denn die drohende Invasion durch die Franzosen wurde verhindert.«

Überall, wo in der Bibel einer nationalen Notlage mit einem Aufruf zum allgemeinen Fasten begegnet wird, erfahren wir ausnahmslos, daß Gott mit Befreiung geantwortet hat. Zweifellos stehen uns noch schwere nationale und internationale Krisen bevor, und wir würden gut daran tun, uns dieser alten biblischen Übung des öffentlichen Fastens zu erinnern. Selbst wenn allein die Gläubigen eines Volkes dazu entschlossen wären, diesem Aufruf zu folgen, würden sie die Erfüllung der Verheißung Gottes erleben: »Ich will vom Himmel her hören und ihre Sünde vergeben und ihr Land heilen« (2. Chronik 7,14).

Wo eine Gemeinde von Uneinigkeit und Spaltung bedroht ist, wo das geistliche Leben abnimmt, während die weltliche Gesinnung zunimmt, wo wenige sich bekehren und viele rückfällig werden, wäre es da nicht an der Zeit, eine solche Gemeinde zu Gebet und Fasten aufzurufen?

Bevor wir dieses Thema verlassen, soll noch darauf hingewiesen werden, daß das Fasten in der Bibel auch unfreiwilligen Verzicht auf Nahrung bedeuten kann. Es gibt zwei Arten von unfreiwilligem Fasten. Erstens: Das Verlangen nach Speise kann von Angst, Trauer oder geistiger Erschöpfung ausgeschaltet werden (Daniel 6,19). Zweitens: Es gibt Zeiten, in denen einfach keine Nahrung vorhanden ist (Matthäus 15,32). Paulus kannte anscheinend die letztere sehr gut. Einige Kommentatoren verstehen das »Fasten« in 2. Korinther 6,5 und 11,27 als eben diese Art in einer auferlegten Notlage. Paulus hatte aber offensichtlich keine Schwierigkeit, solche Erfahrungen des Mangels in Einklang zu bringen mit der Verheißung: »Mein Gott aber wird ausfüllen all euren Mangel.« Er wußte, daß zeitweiser Nahrungsmangel, ohne Mittel, sich solche zu verschaffen, eine notwendige Prüfung des Glaubens darstellt, die Gott zu seinem Segen zuließ. Selbst im Zusammenhang mit dieser wunderbaren Verheißung kann er von sich sagen: »Ich habe gelernt,

mich mit dem zu begnügen, was ich vorfinde. Ich kann arm sein, ich kann reich sein: mir ist alles und jedes vertraut; satt sein und hungern, Überfluß haben und Mangel leiden« (Philipper 4, 11–12).
Auch wenn Gott bestimmt hat, daß wir zeitweilig den »Weg des Mangels« gehen und wir ein Fasten halten, das wir nicht gewählt haben, wollen wir uns doch nicht ängstigen. Er wird unsere Gefangenschaft sicher wenden und unser Ende mehr segnen als den Anfang.

8

FASTEN FÜR GOTT

»Als ihr fastetet…, habt ihr da für mich gefastet?« (Sacharja 7,5).
»Sie hielten Gottesdienst und fasteten« (Apostelgeschichte 13,2).

»Heute fasten? Was wollte man damit gewinnen?« ist die erstaunte Frage vieler Christen. Wenn damit gemeint ist: »Was gewinnt der einzelne durch das Fasten?«, so gibt es darauf viele Antworten. Doch zuvor muß eine wichtigere Frage geklärt werden.
So vieles in unserem Denken wird durch das selbstsüchtige: »Was nützt es mir« geleitet. Selbst unsere geistlichen Wünsche und Bestrebungen zeugen davon, daß das Ich noch auf dem Thron sitzt. Wenn das Leben seinen Mittelpunkt in Gott haben soll, muß zuvor das Kreuz in uns wirksam werden. Nur so wird auch unsere geistliche Motivierung radikal verändert, das heißt auf Christus statt auf uns selbst gerichtet. »Er ist darum für alle gestorben, damit die Lebenden hinfort nicht für sich selbst leben, sondern für den, der für sie gestorben und auferstanden ist« (2. Korinther 5,15).
Selbst in Kreisen, die das Fasten als normale geistliche Übung akzeptieren, wird allzu oft der persönliche Nutzen des Fastens hervorgehoben. Man fastet, um mit Kraft ausgerüstet zu werden, um Geistesgaben zu erhalten, um körperlich gesund zu werden, um bestimmte Gebetserhörungen zu erfahren, und vergißt dabei den wichtigsten Aspekt – das Motiv. Das heißt nicht, daß man nach diesen Dingen nicht streben soll. Aber zuvor müssen unsere Motive stimmen. In seiner ersten Aussage über das Fasten

im Neuen Testament befaßt sich Jesus ebenfalls mit der Frage des Motivs (Matthäus 6,16–18). Das ist der wichtigste Gesichtspunkt dieses Themas.
Gott kommt es nicht nur darauf an, was wir tun, sondern warum wir es tun. In Gottes Augen kann die rechte Tat all ihres Wertes verlustig gehen, wenn sie aus verkehrten Motiven heraus geschieht. Diese Gefahr ist im Zusammenhang mit äußerlichen religiösen Übungen immer vorhanden. »Warum fasten wir, und du siehst es nicht an?« fragten die frommen Zeitgenossen des Jesaja verblüfft. Die Antwort vom Himmel kam sofort: »Siehe, an dem Tag, da ihr fastet, geht ihr doch euren Geschäften nach« (Jesaja 58,3). Hinter ihrem Fasten, mit großer frommer Schau abgezogen, verbarg sich Selbstsucht. Kein Wunder, daß Gott empört fragt: »Soll das ein Fasten sein, an dem ich Gefallen habe?« (Vers 5).
Derselbe Egoismus unter dem Mantel der Frömmigkeit war auch beim Fasten der Pharisäer vorhanden. Gegen diese schändliche Heuchelei wandte sich Jesus in der Bergpredigt. Er sagte seinen Nachfolgern unmißverständlich, daß sie sich nicht benehmen sollten, wie die Heuchler, wenn sie fasteten. Die Pharisäer stellten ihre Frömmigkeit zur Schau, um von den Leuten Beifall zu bekommen. Sie ließen die Öffentlichkeit nicht im Zweifel darüber, daß sie fasteten. Damit dienten sie nicht Gott, sondern ihrem eigenen Hochmut. Als Jesus den Pharisäer beschrieb, der im Tempel betete und sagte: »Ich danke dir, Gott, daß ich nicht bin wie die andern Leute ... Ich faste zweimal in der Woche ...«, vermerkte er ausdrücklich, daß er »bei sich selbst betete« (Lukas 18,11).
Fasten muß man für Gott, vor den Augen des Vaters, der ins Verborgene sieht. Auch wenn wir der schamlosen Selbstgefälligkeit der Pharisäer und

ihrem Wunsch nach dem Beifall der Menschen aus dem Weg gehen, können wir dennoch aus selbstsüchtigen Motiven handeln, unsere persönlichen Ziele verfolgen und nicht die Ehre Gottes suchen.
In der klassischen Schriftstelle über das Fasten, Jesaja 58, erinnert Gott sein Volk daran, daß das ihm angenehme Fasten von ihm selbst bestimmt wird. Wie das Gebet, muß auch das Fasten von Gott ausgehen und sein Siegel tragen, um wirksam zu sein. Erhörliches Gebet beginnt bei Gott; er legt uns durch den Geist eine Last auf, und wir antworten auf diese Last. Gebet, das seinen Ursprung in Gott hat, kehrt auch immer zu Gott zurück. So ist es mit dem Fasten. Wenn es Gott ist, der unser Fasten bestimmt, wird er uns nicht fragen müssen, wie er sein Volk damals fragte: »Als ihr fastetet . . ., habt ihr da für mich gefastet?« (Sacharja 7,5).
Das enthebt uns natürlich nicht unserer eigenen Verantwortung. Unsere Aufgabe ist es, den Sinn und die Notwendigkeit des Fastens zu erkennen, den Willen zu der damit verbundenen Selbstdisziplin und die Herzensbereitschaft vor Gott aufzubringen. Aber schlußendlich ist alles seiner Initiative zu verdanken. Wann wir fasten, wie lange wir fasten, die Art des Fastens und die geistlichen Ziele, die wir verfolgen, alles bestimmt Gott; und der gehorsame Jünger geht freudig darauf ein.
Dasselbe Prinzip gilt auch für das regelmäßige Fasten, zum Beispiel einen Tag pro Woche. Wir müssen gewiß sein, daß Gott das von uns will. Und selbst dann kann es Zeiten geben, in denen das Fasten nicht angebracht oder von Gott nicht gewünscht wird. Es kann auch eine Zeit kommen, wo wir geführt werden, es ganz zu lassen. Wir sollen an keine Regeln gekettet sein, auch nicht an

geistliche Regeln. »Regiert euch aber der Geist, so steht ihr nicht unter dem Gesetz« (Galater 5,18).
Als Joel ausrief: »Heiliget ein Fasten«, meinte er damit: »Weiht es Gott.« Das ist das wesentliche, wenn unser Fasten Gott wohlgefällig sein soll. Dann werden wir den persönlichen Gewinn vergessen und von Staunen, Liebe und Lob ergriffen, während wir für Gott fasten. Wie die Prophetin Hanna werden wir »Gott dienen mit Fasten und Beten« (Lukas 2,37) oder wie die Leute der Gemeinde in Antiochien »Gottesdienst halten und fasten« (Apostelgeschichte 13,2).
Die höchste Auffassung vom Fasten ist sicherlich Anbetung und Dienst für den Herrn, Hingabe unserer selbst an Gott, und dann erst Mittel zur Erlangung gewisser geistlicher Ziele.
Am besten drückt es John Wesley in seiner berühmten Predigt über das Fasten aus: »Vor allem soll es für den Herrn geschehen. Laßt uns einzig und allein auf ihn schauen. Wir wollen danach trachten, allein unseren Vater im Himmel zu verherrlichen, unseren Schmerz und unsere Trauer über die vielfachen Übertretungen seines heiligen Gesetzes auszudrükken, auf die Vermehrung seiner reinigenden Gnade zu harren, die unser Verlangen nach überirdischen Dingen weckt; ernsthafter zu beten, den Zorn Gottes abzuwenden; die großen und kostbaren Verheißungen zu erhalten, die er uns in Jesus Christus gegeben hat ... Wir wollen uns davor hüten, uns einzubilden, daß wir uns durch unser Fasten etwas bei Gott verdienen könnten. Davor können wir nicht oft genug gewarnt werden, weil der Wunsch, unsere Gerechtigkeit selbst zu bewerkstelligen und unsere Erlösung durch Forderungen statt durch Gnade zu erlangen, so tief in unseren Herzen verwurzelt ist. Das Fasten ist lediglich eines der Mittel,

das von Gott gebraucht wird, um uns seine unverdiente Gnade zugänglich zu machen, und worauf seine Verheißung ruht, uns ohne unser Verdienst mit seinem Segen zu beschenken.«
Ein Gott wohlgefälliges Fasten ist also ein Fasten, das von Gott bestimmt ist, ihm allein geweiht, um ihm zu dienen, ihn zu ehren und zu verherrlichen und seinen anbetungswürdigen Willen zu erfüllen. Dann erst werden wir auch erfahren – so, als ob es eine nachträgliche Überlegung des Himmels wäre –, daß das Fasten für Gott zu uns als Segen zurückkehrt und daß es dem Gott, der ins Verborgene sieht, gefällt, uns sichtbar zu belohnen. Auf diese Weise werden wir davor bewahrt, daß uns die Segnungen jemals mehr bedeuten als der Geber des Segens. »Denn von ihm und durch ihn und zu ihm sind alle Dinge. Ihm sei Ehre in Ewigkeit! Amen« (Römer 11,36).

9

HILFE ZUR HEILIGUNG

»Ich weine bitterlich und faste« (Psalm 69,11).
»Selig sind, die Leid tragen« (Matthäus 5,4).

Wir wissen nun, was mit Fasten gemeint ist. Wir haben gesehen, daß es ein biblischer Brauch ist und daß Fasten gerade heute aktuell ist. Wir haben die verschiedenen Arten des Fastens betrachtet und erkannt, wie wichtig unser Motiv ist, nämlich für Gott zu fasten. Nun wollen wir anhand der Bibel die Ziele des Fastens untersuchen. Die erste Antwort auf die Frage: »Was habe ich davon?« ist die: das Fasten ist eine wertvolle Hilfe für die persönliche Heiligung.

Demut ist ein wesentlicher Bestandteil wahrer Heiligkeit. Sie ist der Nährboden, in dem die Gnadengaben gedeihen können. Ist es da nicht unumgänglich, daß wir die Seele von Zeit zu Zeit mit Fasten demütigen, wie David es tat? Unsere Gewohnheitssünden und unser persönliches Versagen, wie auch viele Übel, mit denen unsere Gemeinden behaftet sind und die den Strom christlichen Dienens aufhalten, sind verursacht vom heimtückischen Stolz des menschlichen Herzens und äußern sich im Aufeinanderprallen von unterschiedlichen Persönlichkeiten und Charakteren, im Streit und in der Spaltung.

Wie kann das Fasten uns hier helfen? Im negativen Sinn sind Stolz und ein voller Magen die besten Freunde. Worin bestand die Sünde Sodoms? Nicht in erster Linie aus einem Übermaß an Unzucht und Perversität, früher Sodomie und heute Homosexualität genannt. Die Bibel sagt: »Das war die Schuld deiner Schwester Sodom: Hoffart und alles in Fülle und sichere Ruhe« (Hesekiel 16,49). Wenn wir die westlichen Länder betrachten, in denen die Sünde Sodoms überhand nimmt, können wir dieselben Ursachen dafür erkennen. Die Geschichte kann nicht anders als sich wiederholen. Unter denselben Bedingungen entwickeln sich dieselben Folgeerscheinungen und Übel.

Gott sah voraus, daß Stolz und übermäßiges Essen für Israel zu einer Gefahr im verheißenen Land werden würde. Mose erinnerte das Volk daran: »Gedenke des ganzen Weges, den dich der Herr, dein Gott, geleitet hat diese vierzig Jahre in der Wüste. Er demütigte dich und ließ dich hungern« (5. Mose 8,2.3). Die Tage der Züchtigung waren vorbei, aber das Land des Überflusses, das sie besitzen sollten, würde neue Versuchungen bereithalten. Deshalb warnte Mose: »Wenn du nun gegessen hast und satt bist ..., dann hüte dich, daß dein Herz sich nicht überhebt« (Verse 12–14). Hosea berichtet uns, daß genau dies eingetroffen war (Hosea 13,6), obwohl sie gewarnt worden waren.

Fasten ist ein göttlicher Ausgleich für den Stolz des menschlichen Herzens. Es ist eine Züchtigung des Leibes, um die Seele zu demütigen. »Und ich ließ dort am Fluß des Ahewa ein Fasten ausrufen, damit wir uns vor unserm Gott demütigen«, berichtet Esra (8,21; vgl. Jesaja 58,3).

Wie das Fasten dem frommen Israelit Demütigung bedeutete, lag darin für ihn auch Trauer. Tatsächlich war das Fasten in alttestamentlichen Tagen ein Zeichen der Trauer für die Verstorbenen, beinahe ein fester Bestandteil der Begräbniszeremonien (1. Samuel 31,13 u.a.). Es steht in Verbindung mit dem Zerreißen der Kleider und dem Gehen in Sack und Asche (Esra 9,5 u.a.). In Matthäus 9,15 gebraucht der Herr »trauern« und »fasten« als austauschbare

Begriffe. In einer natürlichen Reihenfolge bewegen wir uns von der Selbstdemütigung zur Trauer der Buße und zur Reue. Israel fastete in bußfertiger Gesinnung in den Tagen Samuels und in gleicher Weise zur Zeit Nehemias (1. Samuel 7,6; Nehemia 9,1.2). Trauer über persönliche Sünden und Verfehlungen ist ein unerläßlicher Schritt auf unserem Weg zur Heiligung und wird durch das Fasten unterstützt und gefördert. Gott möchte uns aber auch über diesen Punkt hinaus weiterführen. Dann werden wir nicht nur über unsere persönlichen Sünden trauern, sondern vom Heiligen Geist bewegt auch über die Sünden der Gemeinde, des Volkes und der ganzen Welt. Gott sehnt sich nach Menschen, die mit ihm eines Sinnes sind und ein Gespür für die geistliche Situation haben, wie sie allenthalben besteht.

Hesekiel schaute in einer Vision das Gericht Gottes über Jerusalem wegen ihrer Greueltaten. Bevor es den himmlischen Scharfrichtern erlaubt war, die Bewohner der Stadt umzubringen, ging einer vor ihnen her, um den Menschen ein Zeichen auf die Stirn zu machen, »die da seufzen und jammern über alle Greuel, die darin geschehen.« Den Scharfrichtern wurde daraufhin befohlen, erbarmungslos alle umzubringen, außer denen, die das Zeichen trugen, und sie sollten bei dem Allerheiligsten beginnen (Hesekiel 9,4–6).

Der Himmel sondert die Menschen aus, die mit Gott fühlen und eines Sinnes mit ihm sind über die Sünden, die sein Herz brechen und sein Angesicht von uns abwenden. Noch immer werden dieselben Greuel im Allerheiligsten und in der Stadt verübt. Wenn Gott heute diejenigen bezeichnen würde, die darüber stöhnen und seufzen, um dann seine Henker auszusenden, alle nicht

Gezeichneten zu vernichten, würden wir dem Gericht entrinnen?

Erreicht man etwas mit solcher Trauer? Gewiß! Sie kann genauso heilsam auf eine Gruppe wie auf den einzelnen wirken. In Hesekiels Gesicht hatte die Sünde des Volkes allerdings den Punkt erreicht, der eine Umkehr unmöglich machte. Das Gericht war unvermeidlich. Doch das muß nicht immer der Fall sein. Es besteht immer die Hoffnung, daß geistliche Kräfte frei werden, die Buße und Heilung bewirken.

Die Augen des Herrn suchen auch heute noch in der Welt nach Esras, die die Sünden eines treulosen Restes bekennen und darüber weinen und sich vor dem Herrn niederwerfen; oder nach Nehemias, die weinen und trauern, fasten und beten wegen der niedergerissenen Mauern und der vom Feuer zerstörten Tore. Wenn Wiederherstellung und Erneuerung aus der Gegenwart des Herrn hervorgehen sollen – und worauf sollen wir ohne diese hoffen? – dann wird Gott Männer und Frauen wie diese gebrauchen, um die Zeiten zu ändern.

Zum Fasten als Hilfe zur Heiligung gehört auf der positiven Seite auch die Hingabe an Gott. Das beste Beispiel dafür ist vielleicht das vierzigtägige Fasten unseres Herrn vor seinem öffentlichen Dienst. Seine Taufe im Jordan war seine Todesweihe im Angesicht des Kreuzes. Aber obwohl er dabei in unermeßlicher Fülle den Heiligen Geist empfangen hatte, wurde die Kraft des Geistes nicht wirksam, bis er aus der Prüfung in der Wildnis zurückkehrte. Durch sein sechswöchiges Fasten bestätigte er seine Entschlossenheit, in allem den Willen seines Vaters zu tun. Das war seine letzte Vorbereitung und Salbung für seinen himmlischen Auftrag. Bei seiner Rückkehr nach Galiläa in der Kraft des Heiligen Geistes wurden die Werke Gottes durch ihn offenbar.

Ähnliches geschieht bei der Aussonderung des Barnabas und Paulus zu ihrem apostolischen Dienst. »Da fasteten sie und beteten, legten ihnen die Hände auf und ließen sie ziehen« (Apostelgeschichte 13,3). Nicht ein Kaffeestündchen kennzeichnete die erste Aussendungsfeier von Missionaren, sondern ein Fasten zu ihrer Weihe. Und diese Männer ernannten dann wieder Älteste in jeder Gemeinde (Apostelgeschichte 14,23), ebenfalls unter Gebet und Fasten. Die Gemeindeleiter wurden so für ihren heiligen Dienst geweiht. Wo gibt es heute noch Gemeinden, deren Leiter während einer Zeit ernsten Betens und Fastens ausgesondert werden? Vielleicht ist dies eine der Ursachen dafür, daß der Dienst in der Gemeinde oft zu leicht genommen, lässig getan und schnell abgeschüttelt wird, wenn Schwierigkeiten oder Meinungsverschiedenheiten auftauchen. Kein Wunder, daß wir keine starken geistlichen Führer haben und die Schafe sich zerstreuen.

Wenn du durch persönliche Niederlage auf dem Tiefpunkt bist, wenn deine Seele sich nach tieferer Reinigung und erneuter Hingabe sehnt, wenn dir eine neue Aufgabe bevorsteht, der du dich nicht gewachsen fühlst, dann ist es vielleicht an der Zeit, Gott zu fragen, ob du dich durch Fasten für ihn absondern sollst.

10

ERWIRKT GEBETSERHÖRUNG

»So fasteten wir und erbaten solches von unserm Gott; und er erhörte uns« (Esra 8,23).

Zur Zeit Jesajas hatten fromme Heuchelei und Gesetzlichkeit den Brauch des Fastens bei Gott in Verruf gebracht. Das bezog sich in gleicher Weise auch auf ihre Gaben, ihre Gebete und ihren Gottesdienst (Jesaja 1,10–15). In Jesaja 58, dem bedeutsamen Fastenkapitel, deckte Gott nicht nur die unheilige Selbstsucht und Selbstzufriedenheit auf, die sich hinter ihrem frommen Getue verbargen, sondern er enthüllte auch die Eigenschaften des Fastens nach seiner Wahl, und er zeigte den Segen auf, der daraus für andere wie für den Fastenden selbst erwachsen konnte.

Hier ist das Fasten oft verknüpft mit Gott suchen, sich Gott nahen, anhaltend zu Gott beten. Sie erreichten diese Ziele aber nicht, weil sie aus falschen Motiven fasteten. Gott mußte ihnen vorhalten: »Ihr sollt nicht so fasten, wie ihr jetzt tut, wenn eure Stimme in der Höhe gehört werden soll« (Jesaja 58,4). Das soll also durch das Fasten erreicht werden. Wenn er das Fasten seiner Wahl beschreibt, erklärt Gott: »Dann wirst du rufen, und der Herr wird dir antworten« (Jesaja 58,9).

Das Fasten wird das Gebet wie auf Adlers Flügeln emporsteigen lassen. Es wird den Bittsteller in das Audienzzimmer des Königs führen, der ihm das goldene Zepter entgegenstreckt. Es wird die tyrannischen Mächte der Finsternis verdrängen und ihren Einfluß auf das Gebetsziel abwehren. Es macht die Fürbitte eines Menschen durchdringend und sein Bitten vollmächtig. Der Himmel ist bereit, sein Ohr zu neigen und zu hören, wenn jemand mit Fasten betet. Ist es uns bereits so ergangen, daß wir Gott ernsthaft um etwas gebeten haben und gewiß waren, daß es Gottes Wille ist, und doch ist die Antwort vom Himmel ausgeblieben? Warum? Es könnte gut sein und ist oft so, daß Gott uns sagen muß: »Wenn ihr mich von ganzem Herzen suchen werdet, so will ich mich von euch finden lassen« (Jeremia 29,13.14). Ein Mensch, der bereit ist, das berechtigte Verlangen seines Körpers zurückzustellen, um sich dem Dienst des Gebets zu widmen, zeigt damit, daß es ihm ernst ist, daß er von ganzem Herzen sucht und daß er Gott nicht lassen wird, ehe er antwortet.

Die Auffassung vom Fasten als Ganzhingabe kommt in Joels Aufruf an das Volk zum Ausdruck: »Doch auch jetzt noch, spricht der Herr, bekehret euch zu mir von ganzem Herzen mit Fasten ...« (Joel 2,12).

Mit den Worten Andrew Murrays: »Das Fasten bekräftigt, vertieft und drückt unseren Entschluß aus, alles zu opfern, und uns selbst zu opfern, um zu erreichen, wonach wir uns um des Reiches Gottes Willen sehnen.«

Auf diese Weise verleiht das Fasten einer Bitte Nachdruck und unterstreicht die Dringlichkeit der Forderung. Es gab einen alten irischen Brauch: »auf oder gegen eine Person fasten«, was bedeutete, »ohne Essen oder Trinken an der Tür des Schuldners oder einer Person zu sitzen, die sich weigerte, eine berechtigte Forderung zu erfüllen.« Außerhalb des geistlichen Bereichs sehen wir dies in Fasten, die von Politikern, Gefangenen und anderen durchgeführt werden, um Druck auf die Behörden auszuüben und gewisse Ziele zu erreichen.

Das ist zweifellos ein wichtiger Gesichtspunkt beim Gebet, das vom Fasten begleitet ist. Sicher ist das Fasten kein Hungerstreik, um Gott zu erpressen und unsere Forderungen durchzusetzen. Doch das Gebet ist andererseits auch mehr, als einfach einen liebenden Vater um das zu bitten, was sein Kind braucht. Gebet ist Ringen. Es gibt Mächte, die diesem Gebet widerstehen. Es gibt geistliche Gegenströmungen. Wenn wir dem himmlischen Gericht unseren Fall vortragen, wenn wir dem Richter der ganzen Welt zurufen: »Schaffe mir Recht gegen meinen Gegner!« (Lukas 18,3), dann ist dieser Gegner ebenfalls im Gericht vertreten (Hiob 1,6; 2,1; Sacharja 3,1). Es genügt nicht, daß der Richter uns geneigt ist; zuerst muß die Gegenseite besiegt werden.

Das ist ein tiefes Geheimnis. Die Schrift zeigt uns zwar die Wirklichkeit, erklärt sie aber nicht weiter. Zudringlichkeit ist in der geistlichen Sphäre unbedingt notwendig. Man darf nicht nachlassen, bis der Durchbruch in der geistlichen Kriegsführung gelingt. In manchen Situationen können nur die »Gewalttätigen« das Reich unter Anwendung von Gewalt einnehmen (Matthäus 11,12). Das alles hat nichts mit der Bereitschaft des Allerhöchsten zu tun, die Wünsche derer zu erfüllen, die ihn fürchten. Fasten macht das Gebet dringlich und zudringlich und stärkt unser Plädoyer in der Gerichtsverhandlung des Himmels.

Der Mensch, der unter Fasten betet, läßt den Himmel wissen, wie tiefernst es ihm ist. Er gibt damit zu verstehen, daß er nicht aufgibt oder Gott losläßt, bis er gesegnet ist; daß er keine abschlägige Antwort akzeptiert. Auf diese Art und Weise drückt er seine Entschlossenheit obendrein noch in einer von Gott gutgeheißenen Form aus, denn er bedient sich eines

Mittels, das von Gott dazu bestimmt ist, seiner Stimme droben Gehör zu verschaffen. Fasten ist manchmal der Höhepunkt ersten, beharrlichen Flehens gewesen. Wenn der Himmel trotz innigen, anhaltenden Betens verschlossen blieb, wurden die Menschen in ihrer Not manchmal zum Fasten als einziger Lösung getrieben. Die Benjaminiten hatten ein furchtbares Verbrechen verübt und Gott gebot den anderen Stämmen Israels, gegen sie auszuziehen. Sie gehorchten, wurden aber zweimal empfindlich geschlagen, obwohl sie vor dem Herrn gebetet und geweint hatten. Als sie das dritte Mal weinten und zusätzlich fasteten, gab Gott ihnen einen eindeutigen Sieg (Richter 20). Welche Macht hat das fastende Gebet bei Gott, um eine solche Wendung herbeizuführen!

Immer wieder fasteten die Israeliten in nationalen Notzeiten, und das scheinbar sichere Unheil wurde abgewendet. Und gibt es das heute vielleicht nicht mehr, daß Tod oder Gefahr uns bedrohen? Warum wenden wir dann dieses Gnadenmittel so selten an?

Als Esra eine umfangreiche Sendung von Gold und Silber zum Tempel nach Jerusalem zu befördern hatte, und zwar über Straßen, die von Banditen wimmelten, berichtet er: »Ich ließ ... ein Fasten ausrufen, damit wir uns vor unserm Gott demütigten, um von ihm eine Reise ohne Gefahren zu erbitten für uns und unsere Kinder und alle unsere Habe« (Esra 8,21.23.31). Wie wunderbar antwortete Gott! Stehen wir denn nie kritischen Situationen gegenüber, in denen wir Gottes Führung und Schutz brauchen, deretwegen wir uns gedrängt fühlen, wie Esra zu handeln?

Daniel suchte Gott unter Fasten wegen der Erfüllung seiner Verheißung, Jerusalem wiederherzustellen (Jeremia 29,10–13), und erhielt durch den

Engel Gabriel eine wunderbare Einführung in den Plan Gottes für Israel (Daniel 9). Wenn wir Gott vergeblich um die Erfüllung irgendeiner Verheißung gebeten haben, könnte es wohl sein, daß er darauf wartet, daß wir uns vor ihm demütigen und ihn wie Daniel suchen.

Nach seiner Bekehrung auf der Straße nach Damaskus, als er noch von der Herrlichkeit jenes Lichtes geblendet war, hatte Saulus von Tarsus drei Tage lang ohne Speise und ohne Wasser gefastet. Sein Herz wurde zubereitet für weitere Segnungen, die Gott für ihn bereithielt. Dann wurde ein Jünger mit Namen Ananias zu ihm gesandt, um ihm die Hände aufzuerlegen, damit er wieder sehend und mit dem Heiligen Geist erfüllt würde (Apostelgeschichte 9,10–18). Haben wir uns vergeblich nach einer Heilung gesehnt, trotz der Gewißheit seiner Verheißung? Oder warten wir immer noch auf die Fülle des Geistes und fragen uns, warum unsere Gebete nicht erhört wurden? Wir meinen vielleicht, wir warten auf den Himmel, während in Wirklichkeit der Himmel auf uns wartet. Wenn der Himmel auf den fastenden Beter sieht und von ihm sagen kann: »Siehe, er betet«, dann ist die Antwort nicht weit entfernt. Gott hat uns das Privileg eingeräumt, sowohl zu fasten als auch zu beten. Damit hat er unserer geistlichen Waffenrüstung eine mächtige Waffe hinzugefügt. Leider hat die Gemeinde Jesu in ihrer Torheit und Unwissenheit diese Waffe im großen und ganzen als altmodisch abgetan, sie in eine dunkle Ecke geworfen und sie dem Rost übergeben. Dort hat sie jahrhundertelang in Vergessenheit gelegen. Die Stunde drohender Krisen für Kirche und Welt fordert sie nun wieder zurück.

11

WENDET GOTTES GERICHT AB

»Da glaubten die Leute von Ninive an Gott und ließen ein Fasten ausrufen ... Als aber Gott ihr Tun sah, ... reute ihn das Übel, das er ihnen angekündigt hatte« (Jona 3,5.10).

Die Macht, Gott zu bewegen, tritt in biblischen Zeiten nirgends besser zu Tage, als wo ein angekündigtes göttliches Gericht durch Gebet und Fasten abgewendet oder aufgeschoben wurde. »Es sind noch vierzig Tage, so wird Ninive untergehen«, rief der hebräische Prophet. Der König von Ninive rief ein absolutes Fasten für Mensch und Tier aus, während die Leute kräftig zu Gott schrien und sich von ihren bösen Wegen bekehrten. »Wer weiß?« lautete die königliche Bekanntmachung, »vielleicht läßt Gott es sich gereuen und wendet sich ab von seinem grimmigen Zorn, daß wir nicht verderben.« Und sie wurden in dieser Hoffnung nicht enttäuscht; denn »Gott reute das Übel, das er ihnen angekündigt hatte, und tat's nicht.«

Ihre Buße, die durch Gebet und Fasten zum Ausdruck kam, bewegte Gott dazu, seinen angekündigten Urteilsspruch zu ändern. Dieses Handeln Gottes konfrontiert uns mit einer schwierigen theologischen Frage. Gott hat sich uns geoffenbart als der Allwissende, Einer, der bereits am Anfang das Ende kennt. Sein Vorherwissen ist vollkommen und unfehlbar. Sein Wesen und seine Gedanken sind unwandelbar. »Ich, der Herr, wandle mich nicht« (Maleachi 3,6). Die ganze Schrift bestätigt, daß dies die Eigenschaften des Allmäch-

tigen sind, und unser gesunder Menschenverstand sagt uns, daß Gott ohne sie nicht Gott wäre.
Warum versichern dann aber so viele alttestamentliche Stellen, daß »es den Herrn gereute« oder daß er sich eines anderen besann? Als Gott Jona ausschickte, wußte er ohne Zweifel, daß Ninive Buße tun und die Zerstörung der Stadt abgewendet würde. Das war ja sein Zweck, zu dem er Jona sandte, diesem Volk Barmherzigkeit zu erweisen. Jonas Botschaft vom bevorstehenden Gericht war also von bestimmten Voraussetzungen abhängig, auch wenn das dem Propheten nicht im einzelnen geoffenbart oder den Leuten von Ninive so verkündet wurde. Gott hat unveränderliche Gesetze für seine Handlungsweise mit den Menschen. Auf Sünde folgt Gericht, aber auf Buße folgt Barmherzigkeit. Über diesen Punkt hat Gott mit größter Eindeutigkeit gesprochen: »Bald rede ich über ein Volk und Königreich, daß ich es ausreißen, einreißen und zerstören will; wenn es sich aber bekehrt von seiner Bosheit, gegen die ich rede, so reut mich auch das Unheil, das ich ihm gedachte zu tun« (Jeremia 18,7.8).
Mit dieser Reue Gottes ist also keine Laune Gottes gemeint, sondern sie ist ganz und gar mit seinen verkündeten Absichten im Einklang. Weil der Mensch die Sünde bereut, reut Gott das Gericht. Im Grunde ist es nicht Gott, der sich hier ändert, sondern der Mensch. Die Herzensänderung des Menschen ermöglicht es Gott, sich ihm gegenüber anders zu verhalten, doch immer im Einklang mit seinem heiligen Wesen und seinen Prinzipien.
Warum sagt dann die Schrift, daß es Gott reute, daß er seinen Vorsatz änderte? Das ist nichts anderes als ein Beispiel gebräuchlicher Rhetorik in den hebräischen Schriften, die die Person oder das Handeln

Gottes vermenschlicht, das heißt vom menschlichen Standpunkt aus beschreibt. In gewisser Weise paßt sich hier der Heilige Geist unserem begrenzten Verständnis in der Wortwahl an. Da Gottes Handeln an bestimmte Voraussetzungen gebunden war, kann gesagt werden, daß es ihn reute, nämlich daß er seine Handlungsweise änderte, nachdem die Voraussetzungen sich geändert hatten. Was jedoch sein Wesen und seine Prinzipien betrifft, gilt: »Gott ist nicht ein Mensch, daß ihn etwas gereue« (4. Mose 23,10).

Nachdem Ahab den Naboth ermordet und sich seinen Weinberg angeeignet hatte, sandte Gott Elia zu ihm, um ihm das göttliche Gericht zu verkünden. »Als aber Ahab diese Worte hörte, zerriß er seine Kleider und legte ein härenes Tuch um seinen Leib und fastete.« Gott erklärte daraufhin: »Weil er sich nun vor mir gedemütigt hat, will ich das Unheil nicht kommen lassen zu seinen Lebzeiten, aber zu seines Sohnes Lebzeiten« (1. Könige 21, 27–29). Das Gericht wurde aufgeschoben, weil selbst ein Mann wie Ahab bereit war, seine Seele mit Fasten zu demütigen. Wie groß ist doch Gottes Barmherzigkeit! Wie groß ist die Macht des Fastens, daß sie Gottes Barmherzigkeit nach sich zieht.

Offensichtlich hatte auch David die wahren Zusammenhänge um das Beten und Fasten begriffen. Wegen Davids Verbrechen an Uria verfügte Gott, daß Davids Sohn von Bethseba sterben sollte. Als das Kind krank wurde, wußte David, daß nur Beten und Fasten den Urteilsspruch ändern konnten. »Und David suchte Gott um des Knäbleins willen und fastete, und wenn er heimkam, lag er über Nacht auf der Erde.« Nach dem Tod des Kindes erklärte David:

»Als das Kind noch lebte, fastete ich und weinte;

denn ich dachte: Wer weiß, ob mir der Herr nicht gnädig wird und das Kind am Leben bleibt« (2. Samuel 12,16.22).

Unter den westlichen Völkern erleben wir eine steigende Flut der Gottlosigkeit und Gesetzlosigkeit, ähnlich der, die einst damit endete, daß eine ganze Zivilisation in der Flut umkam. Die Sünden, die Feuer und Schwefel vom Himmel auf Sodom und Gomorra herabriefen, werden immer gesellschaftsfähiger. Selbst Prediger der Gerechtigkeit und Verfechter des Gesetzes Gottes, die sie sein sollten, verteidigen die »neue Moral«. Man sieht bereits die Schrift an der Wand. Die Vorboten des kommenden Gerichts sind leicht zu erkennen für diejenigen, die ein Auge dafür haben.

Doch selbst wenn der Himmel es schon beschlossen hätte und das Gericht sich bereits in Bewegung gesetzt hat, gibt es noch eine mächtige Waffe, auf die wir zurückgreifen können. »Doch auch jetzt noch, spricht der Herr, bekehret euch zu mir von ganzem Herzen mit Fasten, mit Weinen, mit Klagen! Zerreißet eure Herzen und nicht eure Kleider!« Der Prophet setzt hinzu, als ob er dies erklären wollte: »Wer weiß, ob es ihn nicht wieder gereut und er einen Segen zurückläßt« (Joel 2,12–14).

Die prophetischen Schriften deuten darauf hin, daß das Gericht am Ende alle Völker treffen muß, die Christus verworfen haben. Auch Ninive wurde schließlich zerstört. Wenn aber Gott die findet, die selbst in dieser elften Stunde noch in den Riß treten und sich in Gebet und Fasten demütigen, kann auch jetzt noch unsere Ruhe verlängert werden. Gott könnte sich uns zuwenden, sein Gericht könnte ihn reuen und er könnte einen Segen zurücklassen und uns Barmherzigkeit statt Zorn, Erweckung statt Gericht schenken. Solch ein Aufschieben des

Gerichtstages könnte die Rettung unzähliger Menschen bedeuten, aber wir dürfen keine Zeit mehr verlieren.

12

BEFREIT VON BINDUNGEN

»Das aber ist ein Fasten, an dem ich Gefallen habe: Laß los, die du mit Unrecht gebunden hast, laß ledig, auf die du das Joch gelegt hast! Gib frei, die du bedrückst, reiß jedes Joch weg!« (Jesaja 58,6).

»An dem Tag, da ihr fastet, ... bedrückt ihr alle eure Arbeiter« (Jesaja 58,3), erklärte Gott durch Jesaja. Später sagte Christus von den Schriftgelehrten und Pharisäern: »Sie binden schwere und unerträgliche Bürden zusammen und legen sie den Menschen auf die Schultern« (Matthäus 23,4), und dies, obwohl sie aufs genaueste ihre wöchentlichen Fasten einhielten.

In diesem wunderbaren Vers, dem Thema dieses Kapitels, offenbart Gott durch Jesaja, daß ein Fasten für Gott das gerade Gegenteil ihres Fastens ist. Es soll die Menschen nicht binden, sondern von Gebundenheit lösen; es soll kein Werkzeug der Bedrückung, sondern der Befreiung sein. Dieses Wort findet in unseren Ländern, denen die gröberen Formen sozialer Ungerechtigkeit fremd sind, keine wörtliche Anwendung. Es hat aber zweifellos auf geistlicher Ebene Bedeutung. Die Menschen sind nicht mehr mit Stahlketten oder eisernen Fesseln gebunden, wohl aber mit den unsichtbaren Handschellen des Bösen. Sie kämpfen gegen eine Bedrückung nicht sozialer, sondern geistlicher, ja satanischer Art.

In diesen Tagen, in denen der Geist Gottes weht und die Kraft Gottes vollmächtig am Wirken ist, werden böse Mächte, die jahrelang in Menschenherzen schlummerten, gezwungen, ihre Tarnung abzulegen und sich so zu zeigen, wie sie sind. Wer wach durchs Leben geht, erkennt, daß viele, die er auf dem Lebensweg trifft, vom Teufel bedrückt, von Dämonen geplagt, von Mächten gebunden sind, die sie nicht verstehen und von denen sie nicht loskommen können. In vielen Fällen ekeln sie sich vor ihren eigenen Handlungen, weinen ohnmächtig über ihre Unfähigkeit, die Ketten zu brechen und beten so gut sie können um Befreiung.

Ein immer größer werdender Anteil der jüngeren Generation ist hoffnungslos an Nikotin, Alkohol, Drogen, sexuelle Freizügigkeit und das Spielfieber gebunden. Andere werden verführt und gefangen in satanischen Kultkreisen, in Gruppen, die verschiedene Arten der schwarzen Magie betreibt, im Hexenkult und Spiritismus. Noch schlimmer ist die Bindung gläubiger Christen an Angst, Groll, Eifersucht und Unreinheit. Sie wissen, daß sie ein Widerspruch sind zum befreienden Evangelium, das sie bekennen, doch wie können sie frei werden? Sie strengen sich an, zu beten, zu glauben, in Anspruch zu nehmen – und sind immer noch gebunden.

Jemand könnte einwenden: »Meinen Sie etwa, daß das Evangelium, das wir predigen, für die Bedürfnisse solcher Leute nicht ausreicht?« Das Evangelium reicht allemal aus, doch nicht unbedingt »das Evangelium, das wir predigen«, denn wir predigen zum großen Teil ein unvollständiges Evangelium. Die Vergebung durch den Tod Christi ist entscheidend, aber sie ist nicht das ganze Evangelium. Ein Mensch in der Umklammerung Satans ist oft unfähig, auf diese Botschaft überhaupt zu reagieren. Und wenn er darauf reagiert, kann er wohl Vergebung seiner Sünden bekommen, ohne daß seine Fesseln gelöst werden. Er ist gerettet, ohne befreit zu sein.

Simon von Samaria wollte mit Geld die Kraft erwerben, den Menschen durch Handauflegung den Heiligen Geist zu vermitteln (Apostelgeschichte 8,9–24). Nur weil dieser Fall etwas schwierig ist, sollten wir uns nicht damit begnügen, die Schwierigkeiten einfach zu umgehen mit der Behauptung, er sei nie wirklich wiedergeboren gewesen. Die Tatsachen sprechen dagegen. Eine solche Behauptung würde die Lektion verschleiern, die dieser Vorfall uns lehren soll. Der Heilige Geist sagt uns, daß Simon »glaubte«, »getauft« war und sich »zu Philippus hielt« (Apostelgeschichte 8,13). Hier haben wir dieselben Zeichen der Bekehrung – Glaube, Taufe und Beständigkeit –, die die ersten, am Pfingsttag Bekehrten, kennzeichneten (Apostelgeschichte 2,41–42).

Als Petrus zu Simon sagte: »Du hast weder Teil noch Los an dieser Sache« (Elberfelder Übersetzung), sprach er nicht von seiner Errettung und auch nicht vom Empfang des Heiligen Geistes, sondern von der Macht, den Gläubigen durch Händeauflegung den Heiligen Geist zu vermitteln. Sein Herz war »in dieser Sache« nicht rein vor Gott, daß er die Gabe erwerben wollte, für welchen Zweck und mit welchen Mitteln er sie zu erwerben suchte. Petrus ermahnte ihn nicht ganz allgemein, für seine Sünden Buße zu tun, sondern »für diese deine Bosheit«.

Wie kam es dazu, daß Simon mit der »Bande des Bösen« gefesselt war? Vor seiner Bekehrung war er von einem Größenwahn besessen und hatte sich durch schwarze Magie mit den Mächten der Finsternis verbündet, um sein Ziel zu erreichen. Nun wissen wir aber, daß kein Mensch, der sich mit Spiritismus, Zauberei, Hellseherei, Handlinienlesen, Wahrsagerei und dergleichen befaßt hat, erwarten kann, daß Satan ihn ohne weiteres aus seiner

Gewalt gibt. So mußte auch Simon noch von diesem »Überbleibsel« aus seinem früheren Leben befreit werden. Wie viele gläubige Christen erleben dasselbe Dilemma in unserer Zeit?

Vergebung war nur *eine* Seite der Botschaft Christi. In seinen eigenen Worten umriß er seinen Aufgabenbereich wie folgt: »Er hat mich gesalbt, den Armen das Evangelium zu verkündigen; er hat mich gesandt, den Gefangenen zu verkündigen, daß sie frei sein sollen, und den Blinden, daß sie sehen werden, und den Unterdrückten, daß sie frei und ledig sein sollen« (Lukas 4,18).

Als der Herr einem von Dämonen besessenen Mann gegenüberstand, der sich nach Befreiung sehnte, sagte er nicht: »Deine Sünden sind dir vergeben.« Er trieb mit einem Wort die Dämonen aus. Als er eine Frau in der Synagoge traf, die 18 Jahre lang vom Satan gebunden war und ihren Körper nicht aufrichten konnte, sagte er nicht: »Dein Glaube hat dir geholfen, gehe hin in Frieden.« Er legte ihr vielmehr die Hände auf und sagte: »Sei frei von deiner Krankheit!« (Lukas 13,12). Heute würden wir den Mann zum Psychiater und die Frau zum Naturheilpraktiker schicken. Da aber die Ursache ihrer Probleme satanisch ist, wie sollen sie da durch Behandlung ihrer geistigen oder leiblichen Symptome geheilt werden?

Christus beauftragte die Jünger nicht nur, die frohe Botschaft zu verkündigen, sondern auch die Kranken zu heilen und Dämonen auszutreiben (Lukas 9,1–2). Die Zweiundsiebzig berichteten: »Herr, auch die bösen Geister sind uns in deinem Namen untertan« (Lukas 10,17). Unser hochentwickeltes, aufgeklärtes Zeitalter kann mit solchen altmodischen Vorstellungen nichts mehr anfangen. Die weltliche Gesellschaft hat den Teufel als Lächerlichkeit abgetan. Selbst viele gläubige Christen meinen, Besessenheit durch Dämonen gelte für biblische Zeiten, oder höchstens für primitive Kulturen. Auf jeden Fall sei sie äußerst selten in unserer modernen Gesellschaft. Der Teufel reibt sich darüber die Hände und freut sich unserer Blindheit.

Wie notwendig haben wir doch die Gabe der Unterscheidung dieser Geister, den Glauben und die Vollmacht, sie auszutreiben. Zweifellos brauchen viele von denen, die heute in Irrenanstalten dahinvegetieren, weder Drogen noch Elektroschocktherapie, sondern Befreiung im siegreichen Namen Jesu. Viele in unseren Gemeinden, die vom Teufel furchtbar bedrängt und gequält werden, brauchen den Dienst solcher Menschen, die wissen, wie man die Gefangenen befreit. Viele außerhalb der Gemeinde Jesu, auf den Haupt- und Nebenstraßen des Lebens, die vom Teufel getrieben sind, warten auf diese Leute mit einer Botschaft und einem Dienst zur Befreiung.

Was geschieht mit den vielen Menschen, die heute unter die Räuber fallen? Dürfen wir sie in der Gosse in ihrem Blut liegen lassen? Gehen wir einfach an ihnen vorüber? Gewiß, für einen solchen Dienst brauchen wir himmlische Salbung, um die wir bitten sollen und die wir auch empfangen werden. Der Knecht ist nicht größer als sein Herr. Er kann es sich deshalb auch nicht leisten, ohne die Ausrüstung seines Meisters auszukommen. Nur wenn wir mit den Gaben des Heiligen Geistes ausgerüstet sind, können wir unterscheiden und befreien. Aber dazu gehört noch mehr. Gott hat uns das Fasten als zusätzliche Waffe gegeben, die Stellungen des Feindes zu durchbrechen.

»Das aber ist ein Fasten, an dem ich Gefallen habe«, spricht der Herr: »Laß los, die du gebunden hast, laß ledig, auf die du das Joch gelegt hast, gib frei, die du bedrückst, reiß jedes Joch weg.« In diesem Dienst der Befreiung spielt das Fasten eine große Rolle. Das ist Kriegsdienst im Bereich der »Fürstentümer und Gewalten.« In Satan haben wir einen hartnäckigen Feind. Wenn er nicht dazu gezwungen wird, läßt er den Geist und die Seele, den Verstand und den Leib der Menschen in seiner Gewalt nicht los. Die Macht, die ihn bezwingt, scheint im Fasten zu liegen. Bei der Befreiung eines Menschen von der Macht Satans ist oft ein »Zermürbungsprozeß« durch das Gebet notwendig. Ein Fasten unter Gottes Leitung stärkt den Fürbitter, so lange Druck auszuüben, bis der Feind gezwungen ist, den Gefangenen loszulassen. Dann wird das Fasten auch bevollmächtigen, zur Zeit Gottes das gebietende Wort zu sprechen, das die Befreiung erwirkt. Dies ist eines der offenen Geheimnisse im Dienst zur Befreiung aus der Macht Satans, wie im nächsten Kapitel gezeigt wird.

13

BEFREIT VON DEN MÄCHTEN DER FINSTERNIS

»Kann man auch einem Starken den Raub wegnehmen? Oder kann man einem Gewaltigen seine Gefangenen entreißen? So aber spricht der Herr: Nun sollen die Gefangenen dem Starken weggenommen werden, und der Raub soll dem Gewaltigen entrissen werden. Ich selbst will deinen Gegnern entgegentreten« (Jesaja 49,24–25).

Einer der größten Gottesmänner, die China hervorgebracht hat, war sicherlich Pastor Hsi. Im Vorwort zu seinem Lebensbild schrieb Dr. D. M. Lloyd Jones: »Er war ein Mann Gottes in der tiefsten Bedeutung dieses Wortes. Sein einfacher, kindlicher Glaube, der dabei stark und unerschütterlich war, erstaunte alle. Er nahm das Neue Testament wörtlich und setzte es in die Tat um, ohne Zögern und ohne Einschränkung.«

Bei seiner Bekehrung wurde er von der schrecklichen Sucht des Opiumrauchens frei, und Gott gebrauchte diesen Mann in einem Dienst, der Hunderte von seinen Landsleuten vom Opium und dämonischer Besessenheit befreite. Viele wurden durch Handauflegen geheilt. Die Herzen vieler Menschen öffneten sich dem Evangelium, und überall in dieser Gegend entsprangen Gemeinden. Bei seiner Bekehrung nahm er den Namen Shengmo an, das bedeutet »Überwinder der Dämonen«, als ob er geahnt hätte, welchen Dienst Gott für ihn bereithielt.

Mehrere Monate nach seiner eigenen Befreiung kam die erste große Prüfung. Seine Frau, die allem Anschein nach von seinem neuen Glauben beeindruckt war, wurde nun von Dämonen in Besitz genommen. Sie litt unter schweren Depressionen und seelischen Qualen, und wenn die Zeit für die tägliche Andacht nahte, bekam sie »heftige Anfälle zügelloser Wutausbrüche«. Alle Dorfbewohner, bis auf den letzten Mann, sahen in ihrer Besessenheit das Gericht der Götter an Hsi wegen seiner Sünde. »Berühmter Überwinder der Dämone«, spotteten sie, »laß sehen, was dein Glaube jetzt ausrichten kann.«

Hsi hatte aber bereits die Macht des Gebets erfahren, wenn es mit Fasten verbunden ist. »Er rief in seinem Haus zu einem dreitägigen Fasten auf und widmete sich dem Gebet. Körperlich schwach, doch stark im Glauben, nahm er die Verheißungen Gottes und vollständige Befreiung in Anspruch. Dann ging er unverzüglich zu seiner unglücklichen Frau, legte ihr die Hand auf und befahl den bösen Geistern in Jesu Namen, auszufahren und sie nicht mehr zu quälen.«

Frau Hsi wurde augenblicklich frei und blieb es auch. Sie bekannte sich als Christin und wurde ihrem Mann eine fähige und hingegebene Mitarbeiterin im Dienst Gottes.

So begann ein Dienst, der mit Recht »apostolisch« genannt werden konnte. Charakteristisch für diesen Dienst war der heftige Zusammenstoß mit den Mächten der Finsternis. Groß war die Macht Satans, die gegen Hsi losgelassen wurde, doch größer war die Macht Gottes, die mit ihm war, zu erretten, zu befreien und zu heilen. Ganz gleich, welche Schwierigkeiten zu bewältigen waren, Hsi hatte eine einzige Lösung. Für notwendige Führung in wichtigen Entscheidungen, für Weisheit im Umgang mit schwierigen Leuten oder verworrenen Situationen, für die Befreiung der Opiumsüchtigen oder Besessenen, für Standhaftigkeit in Verfolgung und Anfeindung hatte er ein einziges Mittel: Beten und Fasten. Welch mächtige Siege und Befreiungen wirkte Gott für ihn und durch ihn!

Als Hsi noch ein konfuzianischer Gelehrter war, hoffnungslos dem Opium ergeben, erweckte Gott sich einen Befreier in Deutschland, ebenfalls ein »apostolischer Mann«, der in ähnlicher Weise dazu gebraucht wurde, viele von bösen Geistern zu befreien. Andrew Murray berichtet über ihn:

»Als Blumhardt den schrecklichen Kampf mit den bösen Geistern in den Besessenen auszufechten hatte und sie durch das Gebet austreiben wollte, wunderte er sich oft, warum die Antwort ausblieb. Eines Tages machte ihn ein Freund, dem er von dieser Schwierigkeit erzählt hatte, auf die Worte unseres Herrn über das Fasten aufmerksam. Blumhardt beschloß, zu fasten, was er manchmal länger als 30 Stunden tat.«

Die Wirkung dieser von Gott bestimmten Übung beschreibt er selbst wie folgt: »In dem Maß, wie das Fasten ein Fasten für Gott ist, ein praktischer Beweis dafür, daß das, was wir erbitten, uns dringlich und wichtig ist, intensiviert und stärkt es das Gebet, so daß es praktisch zu einem Gebet ohne Worte wird. Es mußte einfach von daher seine Wirkung beziehen. Ich versuchte es, ohne jemand etwas davon zu sagen, und wahrhaftig, die nachfolgenden Kämpfe waren außerordentlich leichter. Ich wurde befähigt, ruhiger und bestimmter zu sprechen, und es war nicht mehr nötig, über lange Zeit hinweg bei dem Kranken zu verweilen. Ich wußte, daß ich Einfluß hatte, ohne körperlich anwesend zu sein.« So wurde Pastor Blumhardts Dienst vollmächtig, als er fastete, um zu befreien.

Gibt es auch heute Menschen, die Gott zu solchem

Dienst gebraucht? Ja – und ihre Zahl mehrt sich. Eine Beterin in Nordengland, die mir persönlich bekannt ist, berichtet:
»Ich erhielt einen Brief von einer mir unbekannten Frau, die von ihrer kranken Tochter schrieb. Ich lud sie ein, zu mir zu kommen. Sie erzählte, wie ihre nun 37 Jahre alte Tochter als junges Mädchen zum Glauben gekommen war und mit 14 Jahren getauft wurde. Sie wurde Krankenschwester und geriet auf die schiefe Bahn. Als sie ein Kind erwartete, schien sie diese Tragödie eine Zeitlang zum Herrn zurückzubringen. Aber dann wandte sie sich wieder ab und sagte: ›Gott hat nichts für mich getan; ich will einmal sehen, was der Teufel tun kann.‹ Sie endete in einer Irrenanstalt. Als ihre Eltern sie dort besuchten, bewarf sie sie mit Weintrauben. Sie nannte ihren Vater ›Hitler‹ und ihre Mutter ›Königin Mary‹. Dann sank sie aufs Kissen zurück und sagte: ›Böse Geister! Böse Geister!‹ Ich hatte großes Mitleid mit der weinenden Mutter und versprach, für ihre Tochter zu fasten und zu beten. Am dritten Tag meines Fastens verspürte ich den Drang, im Namen des Herrn Jesus Christus den Dämon aus diesem Mädchen auszutreiben. Ich erhielt einen Brief von der Mutter, in dem sie schrieb, daß meine Gebete erhört worden seien. Ihre Tochter war bewußtlos auf dem Fußboden des Badezimmers aufgefunden worden. Als sie wieder zu sich kam, war sie geheilt, aber noch sehr schwach. Bald danach wurde sie entlassen.«
Es gibt viele solcher Notfälle in unserer Umgebung. Haben wir Angst, ihnen gegenüberzutreten, weil wir unsere Ohnmacht kennen und die Macht des Teufels fürchten? Die meisten von uns sind ehrlich genug, einzugestehen, daß sie nicht wüßten, was sie tun sollten, um mit einem solchen Fall fertigzu-

werden. Wir würden lieber den Psychiater holen, statt ein Problem in die Hand zu nehmen, für dessen Lösung wir nicht ausgebildet sind. Durch unsere Flucht meinen wir zumindest der Demütigung und Verlegenheit zu entgehen, falls wir den Herrn fragen müßten: »Warum konnten wir ihn nicht austreiben?« Können wir uns aber wirklich mit dieser Situation zufriedengeben? Oder – was viel wichtiger ist – ist der Herr damit zufrieden?

Er möchte, daß wir sein tiefes Mitleid mit diesen gequälten Seelen mitempfinden. Er gab uns die Vollmacht, sie zu befreien. »In meinem Namen werden sie böse Geister austreiben« (Markus 16,17). Ist uns das wichtig genug, um für ihre Befreiung zu fasten und zu beten?

Gewiß ist eine Befreiung selten möglich, wenn die Besessenen oder Gebundenen sich nicht von Herzen selbst danach sehnen und nicht bereit sind, jeder Sünde, die dem Satan die Tür geöffnet hat, durch Buße und Bekenntnis abzusagen, um ihn seiner Rechte zu berauben.

Das trifft besonders für gläubige Christen zu. Oft ist dieses tiefe Verlangen bei ihnen wirklich vorhanden, aber es ist niemand da, an den sie sich wenden können, der das vollmächtige Wort spricht und den Preis in Gebet und Fasten bezahlt und die Befreiung durchzieht. Gott gebe uns den Blick dafür und den notwendigen Glauben in dieser notvollen Stunde.

14

ERKENNTNIS DURCH FASTEN

»Ich, Daniel, . . . kehrte mich zu Gott, dem Herrn, um zu beten und zu flehen unter Fasten . . . Gabriel . . . redete mit mir und sprach: Daniel, jetzt bin ich ausgegangen, um dir zum rechten Verständnis zu verhelfen« (Dan. 9,3; 21–22).

Es wird oft angenommen, daß Visionen, Offenbarungen und von Gott eingegebene Träume mit dem Alten und Neuen Testament aufgehört haben. In der Heiligen Schrift finden wir aber dafür keine Hinweise, und die Kirchengeschichte erbringt viele Beweise für das Gegenteil. Es sind zwar nicht die gewöhnlichen Mittel, durch die Gott seine Wahrheit mitteilt oder seinen Willen kundtut, doch das waren sie auch zu biblischen Zeiten nicht. Tatsache ist jedoch, daß Gott heute wie damals zu außergewöhnlichen Mitteln greifen kann, um mit den Menschen zu reden.

In Erweckungszeiten hat die Kirche bei der Ausgießung des Heiligen Geistes die Weissagung Joels erfahren, wenn auch nicht immer in vollem Umfang: »Eure Söhne und eure Töchter sollen weissagen, und eure jungen Männer sollen Gesichte sehen, und eure Alten sollen Träume haben.«

Auf der ganzen Welt ist ein neues Wehen des Geistes spürbar geworden. Gott zeigt erneut seine Bereitschaft, genau wie Joel es voraussagt, unter uns gegenwärtig zu sein und uns seine Gedanken mitzuteilen. Vielleicht war er schon immer dazu bereit, wir aber waren nicht darauf vorbereitet.

Liegt hier nicht eine Gefahr für Täuschung und Verblendung, ja für Fanatismus? Gewiß; doch diese Gefahr hat schon immer bestanden und ist heute nicht größer als zu biblischen Zeiten, wo Gott durch Visionen und Offenbarungen zu den Menschen sprach. Menschlich gesprochen: Warum sollte Gott heute nicht dasselbe Risiko auf sich nehmen wie damals? Der Teufel war schon in den Tagen Jeremias eifrig bestrebt, das echte Wirken des Geistes nachzuahmen, denn der Prophet Jeremia spricht von solchen, die »falsche Offenbarungen, nichtige Wahrsagung und ihres Herzens Trug« predigen (Jeremia 14,14. Vergleiche Hesekiel 13,6–7).

Die Tatsache, daß falsche Münzen in Umlauf gebracht werden, beweist ja nur die Existenz echter Münzen. Satan vergeudet seine Zeit nicht damit, etwas nachzuahmen, das gar nicht mehr existiert. Für jeden falschen Propheten wie Zedekia hat Gott seinen Micha (1. Könige 22). Für jeden Hananja hat er seinen Jeremia (Jeremia 28). Aus Angst vor Fälschung der Wirklichkeit den Rücken zuzukehren – eine Haltung, die heute leider unter Evangelikalen vorherrscht – heißt weiser als der Allmächtige sein wollen und damit dem Teufel den Ball zuzuspielen; eine seiner wirksamsten Waffen gegen das echte Wirken des Geistes ist die Furcht.

Trotz alledem sollten wir vorsichtig sein. Wir können es uns nicht leisten, die Warnungen der Schrift in den Wind zu schlagen. Wir glauben an diese Dinge, weil die Schrift sie lehrt, wir sollen sie aber auch immer am Wort prüfen. John Wesley erlebte von Zeit zu Zeit das Wirken des Übernatürlichen in seinem Dienst und erkannte, daß es von Gott war. Seine Warnung ist deshalb auch für uns zutreffend und zeitgemäß: »Schreibe Gott niemals Dinge zu, die nicht von ihm sind. Erachte Träume, Stimmen, Eindrücke, Visionen, Offenbarungen nicht leichtfertig als von Gott kommend, ohne ausreichende Beweise. Sie können aus der menschlichen Natur oder vom Teufel stammen. Deshalb beherzige die Warnung des Apostels: ›Ihr Lieben, glaubt nicht jedem Geist, sondern prüft die Geister, ob sie von Gott sind.‹ Prüft alle Dinge am geschriebenen Wort, und alles beuge sich vor dem Wort.«

Es besteht zweifellos eine sehr enge Verbindung zwischen dem Fasten und dem Empfangen geistlicher Offenbarung. Viele nichtchristliche Religionen praktizieren das Fasten, weil sie wissen, wie die Gedanken durch diese Übung von der Welt der Sinne gelöst und das Empfinden für die Welt des Geistes geschärft werden; zu diesem Zweck fasten Buddhisten, Hindus, die Anhänger des Konfuzius und Mohammeds. Der Verzicht auf Nahrung ist auch heute noch, wie zu Paulus' Zeiten, ein wichtiger Grundsatz im Spiritismus (1. Timotheus 4,1–3).

Im ersten Kapitel Daniel werden uns vier junge Hebräer vorgestellt, die es ablehnten, sich mit der üppigen Speise des Königs und seinem Wein zu verunreinigen, da diese Dinge zuvor den heidnischen Götzen geopfert wurden. Sie bevorzugten statt dessen, »Gemüse zu essen und Wasser zu trinken«. Das Ergebnis war, daß Gott diesen vier jungen Leuten »Einsicht und Verstand für jede Art von Schrift und Weisheit gab. Daniel aber verstand sich auf Gesichte und Träume jeder Art« (Daniel 1,12 und 17). Sie erwiesen sich als »zehnmal klüger und verständiger als alle Zeichendeuter und Weisen in seinem ganzen Reich«. So wurde Daniel – von Jugend auf zu einem disziplinierten Leben erzogen, in dem das Fasten einen wichtigen Platz einnahm (Daniel 9,3; 10,2–3) – einer der größten alttestamentlichen Seher von Visionen und Träumen.

Das Neue Testament illustriert denselben Punkt. Als Petrus »hungrig ward und essen wollte« (Apostelgeschichte 10,10), gab Gott ihm die Vision, die

den Heiden die Tür zum Glauben öffnete. Nachdem Paulus uns mitteilt, daß er oft »in Fasten« war (2. Korinther 11,27), fährt er fort, im nächsten Kapitel von seinen »Gesichten und Offenbarungen des Herrn« zu berichten. Die Botschaft des Engels, die Paulus beim Höhepunkt des Sturmes auf dem Mittelmeer empfing, kam nach langer Zeit der Abstinenz (Apostelgeschichte 27,21–24). Ganz gewiß lebte auch der Gefangene Diokletians auf der einsamen Insel Patmos nicht in Saus und Braus, als er »am Tag des Herrn vom Geist ergriffen« wurde und die endzeitliche Offenbarung Jesu Christi erhielt.
Die Schrift sagt nichts davon, daß wir nach Visionen, Träumen oder übernatürlichen Offenbarungen streben sollen. Doch sie gibt Zeugnis davon, daß diejenigen, die Gott unter Fasten suchen, von ihm mit der Erfahrung seiner Gegenwart belohnt werden. Diese Offenbarung seiner Gegenwart ist aber nicht der einzige, auch nicht der wichtigste Aspekt.
Wir brauchen ständig Offenbarung im Hinblick auf den Willen Gottes für unser Leben. Wir kommen in Situationen, die göttliche Weisheit und Erkenntnis erfordern. Pastor Hsi erlebte eine ernste Krise zu Beginn seiner Rehabilisationsarbeit unter den Opiumsüchtigen, als plötzlich die Lieferung ausländischer Medikamente ausblieb, die für die Behandlung der Patienten lebenswichtig waren. In dieser verzweifelten Situation kam ihm der Gedanke, Gott könne seine Kenntnis der einheimischen Drogen benutzen, um ein Ersatzmedikament zusammenzustellen. Er suchte den Herrn in Gebet und Fasten und bat ihn, ihm die richtigen Bestandteile zu zeigen. Frau Howard Taylor berichtet vom Ergebnis: »Es kam ihm sehr einfach vor, wie man diese Pillen herstellen könnte. Die Drogen waren in seinem Lager vorrätig. Immer noch fastend nahm er die

Beschreibung, stellte das Medikament zusammen und eilte zum Heim. Es erwies sich als voller Erfolg und gab der Opiumentzugsarbeit eine vollständig neue Richtung.« Warum wenden wir in unseren verzweifelten Situationen dieses uralte Rezept des Betens und Fastens nicht auch an?

Zum Schluß steht noch die Frage nach der Offenbarung des geschriebenen Wortes offen. Wir alle neigen zu traditionellen Standpunkten. Was wir dringend brauchen, ist neues Licht aus Gottes Wort über umstrittene Themen wie die Gemeinde Jesu, ihr Wesen und ihre Aufgabe; das Wirken des Heiligen Geistes im Leben des Gläubigen; die prophetischen Schriften und Gottes Plan für die Zukunft.

Wir können lesen und lernen, diskutieren und argumentieren, diesen oder jenen Standpunkt verfechten, aber die Not in diesen Tagen der Herausforderung ruft nach dem »Geist der Weisheit und der Offenbarung«, der auch heute noch denen gegeben wird, die Gott mit Beten und Fasten suchen. Als Daniel dies tat, kam der himmlische Bote zu ihm und sagte: Jetzt bin ich ausgegangen, um dir zum rechten Verständnis zu verhelfen . . . So merke nun auf das Wort, damit du das Gesicht verstehst« (Daniel 9,22–23). Wir brauchen Licht, und Licht wird uns sicher gegeben werden – alles Licht, das wir für diese dunklen Tage brauchen –, wenn wir es so zu suchen bereit sind, wie Daniel es war. Die Verheißung, die denen vor langer Zeit gegeben wurde, die für Gott fasten, gilt auch heute noch:

». . . dann wird dein Licht in der Finsternis aufgehen und dein Dunkel wird sein wie der Mittag. Und der Herr wird dich immerdar führen und dich sättigen in der Dürre und dein Gebein stärken. Und du wirst sein wie ein bewässerter Garten und wie eine Wasserquelle, der es nie an Wasser fehlt« (Jes. 58,10–11).

15

FLEISCHTÖPFE ÄGYPTENS

»Wollte Gott, wir wären in Ägypten gestorben durch des Herrn Hand, als wir bei den Fleischtöpfen saßen und hatten Brot die Fülle zu essen« (2. Mose 16,3).

Es heißt , die Liebe führt durch den Magen. Satan wußte das und versuchte Eva mit der verbotenen Frucht. »Und das Weib sah, daß von dem Baum gut zu essen wäre ... Und sie nahm von der Frucht und aß und gab ihrem Mann, der bei ihr war, auch davon, und er aß« (1. Mose 3,6). So führte die Versuchung zum Essen unter anderem zum Verderben der Menschheit. Der Schrei des menschlichen Magens übertönte die Stimme Gottes im Paradies.

Satan erkannte dabei, wie wirksam ein starker Appell an den Magen des Menschen sein konnte und hat dieses Mittel in der Folgezeit mit offensichtlichem Erfolg angewandt. Selbst Noah, ein Mann, der mit Gott wandelte, fiel in diese Falle. »Er pflanzte einen Weinberg. Und da er von dem Wein trank, ward er trunken und lag im Zelt aufgedeckt« (1. Mose 9,20–21).

In hohem Alter zog der Patriarch Isaak trotz der Offenbarungen, die Gott ihm gegeben hatte, immer noch Esau dem Jakob vor, und zwar aus keinem edleren Grund, als daß dieser ältere Sohn die Lieblingsspeise seines Vaters auf den Tisch brachte (1. Mose 25,28). Esau wiederum verkaufte sein Erstgeburtsrecht für eine einzige Mahlzeit und dafür verwirkte er später auch den Segen des Erstgeborenen (Hebräer 12,16–17). In welchem Ausmaß ist Esaus Fleischlichkeit seinem alten Vater anzulasten, der seinen eigenen Appetit nicht zügelte? Mit dieser

Frage müssen sich christliche Eltern auseinandersetzen.
Die traurige Geschichte des Volkes Gottes auf seiner Wüstenwanderung ist ein ununterbrochener Bericht vom Versagen in dieser Beziehung. Als es ums Essen ging, murrten und weinten sie, waren voll Begierde und Verlangen.
»Wollte Gott, wir wären in Ägypten gestorben durch des Herrn Hand, als wir bei den Fleischtöpfen saßen und hatten Brot die Fülle zu essen« (2. Mose 16,3).
»Wer wird uns Fleisch zu essen geben? Wir denken an die Fische, die wir in Ägypten umsonst aßen, und an die Kürbisse, die Melonen, den Lauch, die Zwiebeln und den Knoblauch« (4. Mose 11,4–5).
»Warum hast du uns aus Ägypten geführt, daß wir sterben in der Wüste? Denn es ist kein Brot noch Wasser hier, und uns ekelt vor dieser mageren Speise« (4. Mose 21,5).
Der Psalmist beschreibt treffend, was Gott davon hielt: »Was sie verlangten, gewährte er ihnen. Sie hatten ihr Verlangen noch nicht gestillt, ... da kam der Zorn Gottes über sie und brachte ihre Vornehmsten um und schlug die Besten in Israel nieder« (Psalm 78, 29–31).
»Er aber gab ihnen, was sie erbaten, und sandte ihnen genug, bis ihnen davor ekelte« (Psalm 106,15).
Diese Begierde fand sich sogar im Heiligtum Gottes und brachte den Fluch über das Haus Elis. Gott fragte den alten Priester mit Empörung: »Warum tretet ihr denn mit Füßen meine Schlachtopfer und Speisopfer, die ich für meine Wohnung geboten habe? Und du ehrst deine Söhne mehr als mich, daß ihr euch mästet von dem Besten aller Opfer meines Volkes Israel« (1. Samuel 2,20).
Gott hat unseren Leib mit gewissen natürlichen

Trieben ausgestattet. An uns liegt es, das Leibliche dem Geistlichen unterzuordnen. Der Leib hat immer Diener zu sein, niemals Herr. Die Eßbegierde beim Volk Israel in der Wüste ist heute noch genau so unter uns. Wenn Gott nach den Worten Paulus' damals über sein lüsternes Volk ungehalten war und sie in der Wüste vernichtete (1. Korinther 10,5), wie sollte er heute weniger ungehalten über sein lüsternes Volk sein?

Bei jedem Gläubigen gibt es einen feinen Unterschied zwischen der Befriedigung normaler körperlicher Bedürfnisse und der Befriedigung der inneren Begierde, der Bindung an fleischliches Verlangen, die auch durch keine Verschleierungstaktiken aus der Welt geschafft werden können. Wenn wir nicht »nein« sagen können zum zweiten Zugreifen nach unserer Lieblingsspeise, obwohl wir diese Extraportion nicht mehr nötig haben; wenn wir dauernd »Imbisse« zwischen den regulären Mahlzeiten haben müssen; wenn wir besondere Speisen verlangen, die den Gaumen kitzeln und unseren wählerischen Appetit reizen; mit einem Wort, wenn das Essen eine dauernde Versuchung ist, der wir ständig erliegen, dann ist es ganz klar, daß wir gebunden sind.

»Alles ist mir erlaubt, aber nicht alles dient zum Guten. Alles ist mir erlaubt, aber es darf mich nichts gefangennehmen. Die Speise ist für den Bauch und der Bauch für die Speise; aber Gott wird das eine wie das andere zunichte werden lassen« (1. Korinther 6,12–13).

»Denn von wem jemand überwunden ist, dessen Knecht ist er geworden« (2. Petrus 2,19).

Paulus mußte den undisziplinierten Gläubigen in Korinth schwerwiegende Dinge vorhalten; sie gaben sich beim Liebesmahl offensichtlich der Trunkenheit und Gefräßigkeit hin, so daß man unmöglich das Mahl des Herrn feiern konnte (1. Korinther 11,20–222). Er erinnerte sie an die Geschichte Israels in der Wüste: »Das ist aber als warnendes Beispiel für uns geschehen, damit wir nicht am Bösen unsere Lust haben, so wie jene. Werdet auch nicht Götzendiener, wie einige von ihnen es wurden, wie geschrieben steht: Das Volk setzte sich nieder, um zu essen und zu trinken...« (1. Korinther 10,6–7).

Sich hinsetzen, um zu essen und zu trinken: und der Heilige Geist nennt es Götzendienst! Wir schließen daraus nicht, daß der Gott, der uns reichlich alle Dinge gibt, unser Festessen nicht ebenso segnen kann, wie unser Fasten. Tatsache ist jedoch, daß der Heilige Geist uns hier warnt: wenn wir uns hinsetzen, um zu essen und zu trinken, kann das Götzendienst sein oder Gott zur Ehre gereichen. In dieser Beziehung hat es unter bekennenden Christen schon viel zu viel Disziplinlosigkeit gegeben, als daß wir uns einbilden dürften, dieser apostolischen Warnung nicht zu bedürfen.

Es gibt zu denken, daß alle Sünden und alle Trauer, alle Krankheiten und das Sterben in der Welt letzten Endes auf den Genuß der verbotenen Frucht zurückzuführen sind. Preis dem Herrn, daß in der Fülle der Zeit ein anderer Mensch in die Arena trat, »der letzte Adam«. Er stellte sich demselben Versucher, und zwar nicht in der heilen Umgebung des Paradieses, sondern in der öden Wüste; nicht wohlgenährt von den reichlichen Vorräten des Paradieses, sondern mit einem durch langes Fasten geschwächten Leib, der vom Hunger gepackt war.

»Da trat der Versucher zu ihm und sagte: Bist du Gottes Sohn, so sprich, daß diese Steine Brot werden. Er aber antwortete: Es steht geschrieben: Der

Mensch lebt nicht vom Brot allein, sondern von jedem Wort, das aus Gottes Mund kommt ... Da verließ ihn der Teufel« (Matthäus 4,3;11).
Wo der erste Adam versagte, triumphierte der letzte Adam. Durch seinen Tod und seine Auferstehung hat er dem Menschen das Paradies zurückgewonnen, das dieser durch die Sünde verloren hatte. Johannes sieht zum Schluß in der Stadt Gottes den Baum des Lebens, aus dessen Umgebung der Mensch durch seinen Ungehorsam ausgeschlossen war, auf beiden Seiten des kristallenen Stromes wachsen. Er beschreibt uns die ewige Seligkeit derer, die ihre Kleider waschen und dadurch ein Anrecht auf den Baum des Lebens haben und durch die Tore in die Stadt gehen dürfen (Offenbarung 22). Dem Menschen, der aus dem Paradies ausgestoßen war, ist das Paradies Gottes wiedergegeben worden durch den Gehorsam des Menschen Jesus Christus.
In der Zwischenzeit müssen wir in einem Leib leben, der der Versuchung unterworfen ist. Christus sagte voraus, daß »Essen und Trinken« seiner Wiederkunft vorausgehen würden, genau wie in den Tagen Noahs. Er befahl uns wachsam zu sein, damit unsere Herzen nicht beschwert würden mit Essen und Trinken und mit der Sorge um das tägliche Brot, damit der Tag seiner Wiederkunft uns nicht unvorbereitet findet (Matthäus 24,37–38; Lukas 12,45–46; 21,34). Als seine Jünger müssen wir »nein« sagen zu uns selbst, das Kreuz auf uns nehmen und ihm nachfolgen. Welche Rolle spielt das Fasten in der Disziplin des Leibes? Dieser Frage wenden wir uns jetzt zu.

16

ZÜCHTIGUNG DES LEIBES

»Ich treffe meinen Leib und unterwerfe ihn, daß ich nicht den andern predige und selbst verworfen werde« (1. Korinther 9,27).

Es gibt Leute, die gar nicht erst so tun, als ob sie von der Sklaverei ihres Magens frei wären. Die Tatsache, daß christliche Jüngerschaft in diesem Bereich Selbstdisziplin erfordert, ist allem Anschein nach überhaupt noch nicht bis in ihr Gewissen vorgedrungen. Sie halten ihre Eßlust und die Mengen, die sie verzehren, lediglich für einen guten Witz. »Ich kann allem widerstehen, nur der Versuchung nicht«, scherzen sie. Andere dagegen merken noch nicht einmal, daß sie auf diesem Gebiet gebunden sind und daß sie dadurch geistliche Kraft verlieren. Sie verwechseln die Eßbegierde, die sie versklavt, mit einem natürlichen, gesunden Appetit. Viele, die gefastet haben, mußten gestehen, daß erst Gottes Ruf zur Abstinenz sie ihre Gebundenheit erkennen ließ. Martin Luther, der ständig fastete, sagte einmal treffend: »das Fleisch pflegte schrecklich zu murren.«

In der Lebensbeschreibung Rees Howells berichtet Norman Grubb, wie Gott anfing, auf diesem Gebiet an seinem Diener zu arbeiten:

»Damals empfand er eine große Last wegen eines Kongresses, der durch Angriffe vom Feind gestört wurde. Der Herr rief ihn zu einem Tag des Betens und Fastens auf – etwas ganz Neues für ihn. Er war an ein bequemes Heim und vier leckere Mahlzeiten am Tag gewöhnt, daher wirkte es wie ein Schock auf ihn, als ihm aufging, was das bedeutete: kein Mit-

tagessen. Das beunruhigte ihn gewaltig. Würde das nur einmal passieren? Vielleicht würde Gott das gar jeden Tag von ihm verlangen?
Zur Mittagszeit kniete er in seinem Schlafzimmer, doch es kam zu keinem Gebet in der folgenden Stunde. »Ich wußte nicht, daß eine solche Begierde in mir steckte«, sagte er hinterher.
»Meine Unruhe war der beste Beweis dafür, wie die Begierde mich beherrschte. Weshalb hätte es mich sonst so erregt?« Um 13.00 rief ihn seine Mutter zum Essen, und er sagte ihr, er würde heute nicht essen. Sie rief ihn wieder, wie eine Mutter das tut, und drängte ihn: ›Es dauert doch gar nicht lange.‹ Er konnte dem guten Duft von unten nicht länger widerstehen und kam herunter. Nach der Mahlzeit kehrte er in sein Zimmer zurück, konnte aber nicht mehr in die Gegenwart Gottes gelangen. Er stand dem Ungehorsam gegen den Heiligen Geist Auge in Auge gegenüber. ›Ich kam mir vor wie der Mann im Garten Eden. Ich ging in die Berge und lief meilenweit und fluchte dem alten Menschen in mir.‹ Er nahm mehrere Tage lang nach diesem Erlebnis kein Mittagessen mehr zu sich, sondern verbrachte diese Stunde mit Gott. Später berichtete er: ›In dem Augenblick, wo ich in dieser Sache den Sieg hatte, war es nicht länger schwierig. Nur solange man noch eine Sache begehrt, trägt man sie ständig mit sich herum. Wenn du darüber stehst, kann Gott sie dir wiedergeben; doch dann bist du frei von ihr.‹«
Wo dieser Begierde freien Lauf gelassen wird, ergeben sich auch Angriffspunkte auf anderen Gebieten. Es ist allgemein bekannt, daß zwischen übermäßigem Essen und sexuellen Wünschen eine Beziehung besteht. Wie wir bereits festgestellt haben, war die Sünde Sodoms mit »Übersättigung« gekoppelt. Gott sagte von Israel: »Als ich sie satt

gemacht hatte, trieben sie Ehebruch« (Jeremia 5,7). Zuvor hatte er sie durch Mose gewarnt: es werden neue Versuchungen auf euch zukommen, wenn ihr das Land, in dem Milch und Honig fließt, nach der Wüstenwanderung in Besitz genommen habt; die Versuchung nämlich, sich gegen Gott aufzulehnen, ihn um der Götzen willen zu verlassen: »Als aber Jeschurun fett ward, wurde er übermütig. Er ist fett und dick und feist geworden und hat den Gott verworfen, der ihn gemacht hat. Er hat den Fels seines Heils geringgeachtet und hat ihn zur Eifersucht gereizt durch fremde Götter; durch Greuel hat er ihn erzürnt.«

Paulus unterstrich die Bedeutung, die der Unterwerfung dieser natürlichen Triebe zukommt: ». . . sorgt nicht so für euch, daß ihr den Begierden verfallt« (Römer 13,14). Was die ehelichen Beziehungen betrifft, rief er zu Zeiten der Enthaltsamkeit auf, »damit euch der Satan nicht versucht, weil ihr euch nicht enthalten könnt« (1. Korinther 7,5). Der Vers aus 1. Korinther 9,27, der diesem Kapitel vorangestellt ist, zeigt ein wenig von der inneren Zucht des Apostels. Er benützt ein Beispiel aus den Fitness-Zentren der griechischen Städte, die einen wichtigen Platz im Leben der Griechen einnahmen: »Jeder aber, der kämpft, legt sich jeden Verzicht auf . . . Ich treffe meinen Leib und unterwerfe ihn, damit ich nicht den andern predige und selbst verworfen werde« (1. Korinther 9,25 und 27).

Dem Apostel ging es nicht nur um die Gefahr der Versuchung durch einen ungezügelten Leib, sondern um den Verlust der Kraft im großen Lebenskampf, wie beim Athleten, der nicht ernsthaft trainiert hat und darum am Tag des Wettkampfes nicht in Form ist und die Siegeskrone nicht gewinnen kann. Er macht es sich deshalb zur Aufgabe, alle notwendigen praktischen Schritte zu tun, um die Triebe und Begierden des Leibes zu zügeln, damit das geistliche Leben den Vorrang behält. Wie hätte er erwarten können, den Siegeskranz zu erringen, wenn er selbst ständig von seinen unersättlichen Begierden besiegt worden wäre?

Als unser Herr und Heiland selbst im Fleisch war, wußte er allzu gut, was es heißt, hungrig, durstig und müde zu sein; doch er entfaltete stets perfekte Selbstbeherrschung, die eine Frucht des Geistes ist. Als er in der Hitze des Tages den Brunnen von Sychar erreichte, gab er einer sündigen Frau das lebendige Wasser, während seine Jünger sich auf die Suche nach Nahrung machten. Als sie mit dem Essen zurückkamen, nötigten sie ihn, zuzugreifen, weil sie überzeugt waren, er müsse ebenfalls so hungrig sein wie sie. Sogleich erwiderte er ihnen: »Ich habe eine Speise zu essen, von der ihr nicht wißt.« Hatte ihm jemand während ihrer Abwesenheit etwas zu essen gebracht? »Meine Speise ist es«, erklärte er, »daß ich den Willen dessen tue, der mich gesandt hat, und sein Werk vollende« (Johannes 4,8; 31–34).

Welch vollkommene Beherrschung des Leiblichen durch das Geistliche! Hatte er nicht 40 Tage und Nächte gefastet? Hatte er nicht den Angriff des Versuchers zurückgeschlagen, als er genötigt wurde, Steine in Brot zu verwandeln? Der Mensch muß nicht vom Brot allein leben, aber es kann schon einmal vorkommen, daß er vom Wort Gottes allein leben muß. War das Leben dessen, der »nicht sich selbst zu Gefallen lebte«, nicht etwa von Selbstdisziplin geprägt? Ruft er nicht immer noch dazu auf, ihm auf dem Weg der Selbstverleugnung und des Kreuztragens nachzufolgen? Aber wie geht das vor sich?

»Das ist eine ganz einfache Sache«, antwortet da jemand. »Die Frucht des Geistes ist Selbstzucht. Erlaube Jesus, sein Leben in dir zu leben, und diese Frucht wird das sichere Ergebnis sein.« Das ist gewiß wahr, aber es ist nicht die ganze Wahrheit, wie so mancher durch den Schulmeister des Versagens erfahren mußte. Oft verlangt Gott von uns ganz praktische Dinge, bevor diese Frucht wachsen kann.

Wir müssen selbstverständlich im Glauben »den Herrn Jesus Christus anziehen«, aber gleichzeitig auch »nicht so für uns sorgen, daß wir den Begierden verfallen« (Römer 13,14). Es ist wichtig, zu wissen, daß unser alter Mensch vor fast zweimal tausend Jahren »mit ihm gekreuzigt worden ist« (Römer 6,6); aber die Nägel des Kreuzes befreien uns nicht automatisch von der Notwendigkeit, den Appetit zu zügeln. Die neutestamentlichen Briefe sind darauf bedacht, beide Gesichtspunkte zu unterstreichen: »Fliehe vor den Begierden der Jugend« (2. Timotheus 2,22) – »den weltlichen Begierden absagen« (Titus 2,12) – »haltet euch frei von Eigensucht und Begierde« (1. Petrus 2,11) – »damit euch der Satan nicht versucht, weil ihr euch nicht enthalten könnt« (1. Korinther 7,5).

Auf diesen Begriff der selbstauferlegten Zucht stützt sich alles biblische Fasten. Wir haben bereits darauf hingewiesen, daß das einzige vom Gesetz vorgeschriebene Fasten am Versöhnungstag stattfand. »Ihr sollt fasten« (3. Mose 23,27) hatte Gott gesagt. Mürrisch fragte das Volk Israel nach dem erfolglosen Fasten, das Jesaja 58 beschreibt: »Warum fasten wir, und du siehst es nicht an? Warum kasteien wir unseren Leib, und du willst's nicht wissen?« David berichtet ebenfalls: »Ich tat mir wehe mit Fasten« (Psalm 35,13).

Der Nutzen des Fastens als Mittel zur Beherrschung des Leibes und Unterordnung der Triebe war schon immer bekannt. Der Kodex der Kirche von England von 1562 nennt als erstes Ziel des Fastens »das Züchtigen des Fleisches, daß es nicht zu begierlich sei, sondern gezähmt und dem Geist unterworfen.« Dies kommt im Leben des früheren Wesley-Predigers, William Bramwell, klar zum Ausdruck:
»Er erwog die Möglichkeit, nachdem er anderen gepredigt hatte, selbst ein Verworfener zu werden. Durch festgesetztes Fasten, durch beständige Wachsamkeit, durch gewohnheitsmäßige Enthaltsamkeit in allen Dingen hielt er den Körper in Zucht und gewann dadurch an Geist und Kraft.«
In einem Brief an einen Freund in Liverpool schrieb er im Jahr 1809: »Die Methodisten leben im allgemeinen nicht in diesem erlösten Zustand, weil sie zu lange schlafen, zu viel Fleisch essen, zu viel trinken, zu wenig fasten und sich zu wenig selbst verleugnen, zu viel Unterhaltung mit der Welt pflegen, zu viel Predigten und anderes hören, aber sich zu wenig selbst prüfen und beten.«
Er könnte geradezu über die evangelikale Gemeinde der Mitte unseres Jahrhunderts geschrieben haben. Männer wie Bramwell sind ein ständiger Vorwurf gegen unsere Zeit des Überflusses und der Bequemlichkeit. Wie nötig haben wir es doch, zu wachen, zu beten und zu fasten, wenn wir unsere Leiber beherrschen, unsere geistliche Kraft behalten und die Siegeskrone gewinnen wollen!

17
ASKESE IN UNSERER ZEIT?

»Was laßt ihr euch denn Satzungen auferlegen, als lebtet ihr noch in der Welt: du sollst das nicht angreifen, du sollst dies nicht kosten, du sollst jenes nicht anrühren? ... Es sind der Menschen Gebote und Lehren, die einen Schein von Weisheit haben durch selbsterwählte Frömmigkeit und Demut und dadurch, daß sie des Leibes nicht schonen, nicht aus Ehrfurcht, sondern um des Fleisches Gelüsten zu dienen« (Kolosser 2,20–23).

Vielleicht frägt sich der eine oder andere, ob die Betonung des Fastens, der körperlichen Disziplin und ähnliches nicht in eine ungesunde Askese oder sogar in den Fanatismus hineinführen können. Zum großen Teil steckt gerade diese Furcht hinter der traditionellen Haltung vieler evangelikaler Kreise gegenüber dem Fasten, und zwar als Reaktion auf den Extremismus. Die meisten sind entweder Extremisten oder Reaktionäre. Der Reaktionär bemüht sich, die Übertreibung des Extremisten zu vermeiden. Dadurch fällt er oft in den entgegengesetzten Irrtum und wird zum Extremisten am anderen Ende. Es ist nicht leicht, das schriftgemäße geistliche Gleichgewicht zu wahren.
Was ist Askese? Der Encyclopaedia Britannica zufolge stammt dieser Ausdruck aus dem Griechischen und bedeutet »Übung oder Training zur Erreichung eines Ideals oder eines Zieles und wurde in bezug auf Soldaten, Sportler, Studium sowie Tugend und Frömmigkeit gebraucht«. So wird er auch im Neuen Testament verwendet. In diesem Sinne waren der Herr und die Apostel und ist jeder disziplinierte Christ ein »Asket«. Aber bald wies die

Askese Eigenschaften auf, die verkehrt und schädlich waren. Deshalb verbanden die meisten Leute mit diesem Wort eine extreme Richtung. Das wird auch in der Definition der »Askese« in manchen Bedeutungswörterbüchern deutlich, wo sie als »Ausübung äußerster Selbstdisziplin« bezeichnet wird.

Wir können drei Entwicklungsstufen des asketischen Geistes in der christlichen Kirche unterscheiden. Zunächst war damit die regelmäßige, spezifische Enthaltsamkeit gemeint, die die berechtigten Bedürfnisse des Leibes betreffen. Wo die Motive stimmen und die Methode biblisch ist, kann das nur gute Resultate hervorbringen. Das Fasten für Gott ist ein gutes Beispiel dafür. Dann kam der Verzicht auf alle körperliche Bequemlichkeit und auf den normalen mitmenschlichen Kontakt, nach dem Beispiel des Einsiedlers oder Mönches. Letztlich kamen dazu die selbstauferlegten Formen körperlicher Qualen, wie das Tragen eines Büßerhemdes oder Bußgürtels.

Der Geist der Askese, auch im Fasten ausgedrückt, ist aber nicht nur eine besondere Charakteristik des mittelalterlichen Christentums. Es gibt ihn in den meisten primitiven Religionen, bei den Eskimos von Alaska wie bei den Maoris, den Ureinwohnern Neuseelands. Die Askese ist besonders verbreitet in den fernöstlichen Religionen, z. B. bei den Fakiren und nackten Asketen des Hinduismus. In dieser Entwicklung der Askese können wir die Intrige Satans erkennen, sowohl im Christentum wie im Heidentum, mit dem Ziel, das religiöse Empfinden des Menschen zu verkehren und zu entstellen.

Die Ursache fehlgeleiteter Übungen in der mittelalterlichen Askese war Irrlehre. Diese präsentierte Gott als einen, der Gefallen an Schmerz, Leiden und

Entbehrung hatte. Gibt es nicht auch heute noch solche, die annehmen, daß der schwerere Weg notwendigerweise der Wille Gottes sein muß? »Ich wußte, daß du ein harter Mann bist« (Matthäus 25,24), faßt diese Vorstellung zusammen, die viele von ihrem himmlischen Vater haben. Jesus erinnerte die Pharisäer daran, daß Gott Barmherzigkeit will und nicht Opfer.

Außerdem gehört dazu eine falsche Vorstellung des Menschen über sich selbst, daß er durch die Härte der Selbstabtötung für seine Sünden sühnen oder sich bei Gott Verdienste erwerben könne. Dies führte zur Irrlehre der Buße und Sühne für Sünde durch »Genugtuung« und »Verdienste«. Hier verbirgt sich der heimtückische Stolz, der sich brüstet in seiner Bereitschaft, Leiden zu ertragen, statt sich im Kreuz zu rühmen. Das eine »ganze, vollkommene und genügsame Opfer und die Genugtuung für die Sünden der ganzen Welt« benötigt keine Ergänzung durch menschliches Leiden.

Letztlich gibt es die falsche Haltung gegenüber dem menschlichen Leib, die davon ausgeht, daß der Leib in sich selbst unverbesserlich schlecht ist. Damit wird notwendig, sich von aller Abhängigkeit an den Körper zu befreien, damit die Reinheit der Seele gesichert wird, indem der Leib unerbittlicher Selbstzucht unterworfen wird. Verlangt der Körper nach dem Ausdruck sexueller Gefühle? Das muß dann erbarmungslos unterdrückt werden durch das Gelübde der Jungfräulichkeit. Verlangt er nach Schlaf? Das muß strengstens unterbunden werden; darum zog die Glocke in der Nacht die Mönche aus ihren Zellen zu ihren Gebetswachen. Verlangte der Leib nach den Bequemlichkeiten des Lebens, mußte er den verschiedensten Härten unterworfen werden, ja gequält werden für seine vielen Sünden.

Im monastischen System, das etwa zu Ende des dritten Jahrhunderts entstand, können wir die äußerliche Ausdrucksweise dieser falschen Vorstellungen sehen. Da gab es den einzelnen Mönch, den Einsiedler, und den Mönch, der in einer Bruderschaft lebte, wo die Grundsätze der Askese unnachgiebig aufgezwungen wurden. In einigen Gemeinschaften war absolutes Schweigen die Regel, und die Mönche schliefen in ihren Ziegenfell-Kleidern im Sitzen und lehnten alles Waschen ab.
Das Fasten war eines der ersten Dinge, die sich eine unnachgiebige, strenge Askese in den frühen christlichen Jahrhunderten zu eigen machte. Es begann als Formsache, die durch fehlgeleiteten, zügellosen Eifer eingehämmert wurde. Weder Christus noch seine Apostel stellten irgendwelche Regeln für das Fasten auf. Das war eine persönliche Sache zwischen dem Jünger und seinem Meister, unter Berücksichtigung der Bedürfnisse und Umstände. Als das lebendige Christentum nachließ, gewann die Äußerlichkeit größere Bedeutung als die innere Haltung. Frömmigkeitsübungen ersetzten das vollmächtige Handeln. Die Menschen versuchten weiser zu sein als der Allweise, indem sie Fastenregeln aufstellten, die sie in der Schrift nicht finden konnten.
Ein einziges Fasten pro Jahr, nämlich am Versöhnungstag, war alles, was das Gesetz vorgeschrieben hatte. Doch zur Zeit Sacharjas waren es schon mindestens vier pro Jahr (Sacharja 8,19), und zur Zeit unseres Herrn hielten die Pharisäer schon zwei pro Woche. Die Kirchengeschichte zeigt eine ähnliche Entwicklung. Was zuerst lediglich eine Entscheidung des einzelnen Gewissens gewesen war, wurde zu einem Brauch, wie die Gewohnheit des Fastens jeden Mittwoch und Freitag; das wurde

dann zu einer Verpflichtung. Handbücher der Unterweisung, die sich angeblich auf apostolische Autorität stützten, machten diese und viele andere Dinge dann zum Gesetz. Die Fasten wurden besonders streng im 4. Jahrhundert, der Zeit der Konzile und Organisationen, die durch das Nachlassen der Verfolgung möglich wurden.

Nun leben wir in einem Zeitalter der egoistischen Bequemlichkeit und des üppigen Wohlstandes. Wo es Gott gefällt, durch seinen Heiligen Geist Impulse zu geben, besteht auch die Gefahr einer Überreaktion auf den leichtfertigen Zeitgeist, der leicht zu unbiblischer Askese führen könnte. Eine solche Neigung ist uns Menschen einfach angeboren und wartet nur auf den richtigen Moment, um zu entbrennen in einem Eifer ohne Erkenntnis und einem Stolz, der meint, die größere Hingabe zu besitzen. Der menschliche Leib hat nichts grundsätzlich Böses an sich, denn Gott hat ihn erschaffen mit seinen Wünschen und Trieben. Das Verlangen eines hungrigen Magens nach einem guten Essen ist nicht schlecht, noch ist das Sehnen einer gesunden Frau nach einem Mann, Kindern und einem eigenen Heim. Der Geist Gottes unterdrückt diese natürlichen Empfindungen nicht, aber er hält sie in Zaum und in den von Gott bestimmten Grenzen. Wir sind nicht aufgerufen, das Feuer im Herd auszulöschen, sondern dafür zu sorgen, daß keine brennenden Kohlen herausfallen und das ganze Haus in Brand setzen. Das Leibliche soll nicht unbarmherzig unterdrückt werden, sondern gezügelt und dem Geistlichen unterworfen werden.

Sobald die Askese zu einer Formsache wird, kann sie mit den körperlichen Lüsten nicht mehr fertig werden. Selbstdisziplin ist eine Frucht des Geistes, die aus dem göttlichen Leben in uns entspringt und durch die Regelmäßigkeit eines zuchtvollen Lebens gefestigt wird.

»Was laßt ihr euch denn Satzungen auferlegen, als lebtet ihr noch in der Welt: du sollst das nicht angreifen, du sollst dies nicht kosten, du sollst jenes nicht anrühren? . . . Es sind der Menschen Gebote und Lehren, die einen Schein von Weisheit haben durch selbsterwählte Frömmigkeit und Demut und dadurch, daß sie des Leibes nicht schonen, nicht aus Ehrfurcht, sondern um des Fleisches Gelüsten zu dienen« (Kolosser 2,20–23).

Wesley war der Ansicht, daß »manche das religiöse Fasten über den Rahmen des Biblischen hinaus und weit über alle Vernunft verherrlicht haben, während andere es ganz und gar abgelehnt haben«. Während wir das eine sorgfältig meiden, sollten wir uns vor dem anderen hüten. Der Irrtum unserer Tage besteht viel mehr in allzu großer Nachgiebigkeit, mit der wir unser Fleisch verhätscheln, wenn es gezüchtigt werden sollte, mit der wir feiern und fröhlich sind, wenn wir fasten und beten sollten.

18

PHYSISCHE AUSWIRKUNGEN DES FASTENS

»Der Leib ist ... für den Herrn ... euer Leib [ist] ein Tempel des Heiligen Geistes ... darum preist Gott mit eurem Leibe« (1. Korinther 6,13–20).

In diesem und in den folgenden Kapiteln beschäftigen wir uns hauptsächlich mit dem längeren Fasten und seinen Folgen für den Leib. Auch wenn man selbst nie länger als einen Tag fastet, sollte man doch die Zusammenhänge kennen, die sich aus dem längeren Fasten ergeben.

Wenn jemand zu einem solchen Fasten berufen ist, sollte es ihn nicht überraschen, wenn besorgte Verwandte auf diesen Entschluß mit Stirnrunzeln reagieren. Dann kommen meist die verschiedensten »vernünftigen« Argumente, die darauf abzielen, den künftigen Faster von seinem törichten Vorhaben abzubringen und zwar auf Grund der schlimmen, entsetzlichen Folgen! Manchmal wirken diese Argumente abschreckender als die eigene Verzagtheit.

Ein Großteil des Widerstandes gegen das längere Fasten stammt aus der falschen Vorstellung, man müsse essen, um zu leben und Fasten sei gleichbedeutend mit Verhungern, was daher gefährlich, wenn nicht absolut schädlich sei. Diese Befürchtungen stützen sich auf Unwissenheit über die tatsächlichen Vorgänge im menschlichen Körper während des Fastens, die inzwischen längst erwiesen sind.

Natürlich ist Nahrung für die Erhaltung des Lebens notwendig; aber Sauerstoff, Wasser und Schlaf sind noch viel lebensnotwendiger. Der Körper kann

nicht mehr als ein paar Minuten ohne Sauerstoff leben, nur ein paar Tage ohne Wasser und Schlaf; aber er kann unter normalen Umständen sehr wohl mehrere Wochen lang ohne Nahrung existieren. So, wie Gott das Kamel mit einem inneren Wasserreservoir ausgestattet hat, damit es in der glühenden Wüste überleben kann, so hat er dem menschlichen Leib eine ihm »eigene Vorratskammer« gegeben.
Ein gesunder Körper in gut genährtem Zustand kann mehrere Wochen lang existieren, ohne durch Nahrungsentzug geschädigt oder geschwächt zu werden. Während eines längeren Fastens lebt der Leib vom überschüssigen Fett und verhält sich gleichzeitig, als ob er einen Verbrennungsofen im Innern hätte, der die Schlacken und das tote Gewebe im Leib verbrennt. Erst, wenn dieser Läuterungsprozeß beendet ist, beginnt der Körper seine gesunden organischen Zellen anzugreifen, und hier beginnt der Verhungerungsprozeß.
Wie weiß man nun, wann dieser Punkt erreicht ist? Gewöhnlich geht der Körper während des längeren Fastens durch drei Phasen. Diese können nicht immer klar voneinander unterschieden werden, denn sie decken sich oft teilweise; die Dauer jeder einzelnen Phase ist bei jedem Menschen verschieden. Die erste Phase ist von einem starken Verlangen nach Nahrung geprägt, die sich ein paar Tage oder sogar länger hinziehen kann. Danach vermittelt der Gedanke an Nahrung wohl ein angenehmes Gefühl, aber das starke Verlangen ist vorüber und die Versuchung ist nicht mehr so stark.
In der zweiten Phase spürt man Schwäche und Gleichgewichtsstörungen, was sich zwei bis drei Tage oder länger hinziehen kann. In dieser Zeit scheint es, daß jede Bewegung des Körpers nur nach einer besonderen Willensanstrengung mög-

lich ist. In vieler Hinsicht ist dies der schwierigste Teil des Fastens, und einige benötigen viel Ruhe in dieser Zeit. Das allmähliche Schwinden dieses Gefühls der Schwäche ist ein Zeichen dafür, daß der Körper die gröbsten Schlacken und Gifte ausgeschieden hat.

In der dritten und leichtesten Phase spürt man zunehmende Kraft, gibt sich wenig oder gar nicht mit dem Gedanken an Nahrung ab und hat nur selten ein Gefühl der Schwäche, das sich aber schnell verflüchtigt. Zu diesem Zeitpunkt scheint es dem Fastenden, als ob er das Fasten unbegrenzt ohne große Mühe fortsetzen könnte.

Es ist wichtig, zwischen dem Wunsch nach Nahrung oder dem Appetit und dem Hunger zu unterscheiden. Es ist zweifelhaft, ob der Normalbürger in unserer gutgenährten Wohlstandsgesellschaft überhaupt weiß, was echter Hunger ist. Das Gefühl der Leere oder Schwäche, die im Mageninnern rumoren können, und andere Symptome, die zu Anfang des Fastens auftreten, sind selten Zeichen des echten Hungers. Sie sind eher das Verlangen nach Essen, das aus der langen Gewohnheit erwächst, dreimal am Tag ohne Ausnahme, 365 Tage im Jahr Nahrung zu sich zu nehmen.

Wenn nun dem Magen plötzlich verweigert wird, was er gewohnt war, wird er darauf bestehen und wie ein verwöhntes Kind nach seinem Dessert schreien. Aber Hunger ist ein Schrei des ganzen Körpers, nicht aus Gewohnheit, sondern aus der Not. Wir stellen fest, daß Appetit sich auf die »Wünsche« des Magens zu irgend einer Zeit bezieht, während der echte Hunger aus dem Bedürfnis des Körpers entsteht.

Es ist doch seltsam, daß diejenigen, die an die biblische Offenbarung glauben, je die Meinung vertreten konnten, daß eine solch biblische Übung wie das Fasten, von Christus selbst gelehrt und geübt, dem Leib schädlich sein könnte, vorausgesetzt natürlich, daß es in Übereinstimmung mit der Schrift ausgeführt wird. Genau das Gegenteil ist der Fall. Das Fasten ermöglicht eine Art körperlicher Heilbehandlung. Es erlaubt dem Körper, seinen eigenen natürlichen Reinigungs- und Heilungsprozeß in Gang zu setzen.

Appetitlosigkeit ist oft das erste Zeichen einer aufbrechenden Krankheit. Sie ist aber nicht nur ein Warnsignal, sondern ein Wegweiser zur Gesundung. Sie sagt mit anderen Worten: »Höre auf zu essen und gib deinem Leib die Möglichkeit, gesund zu werden.«

Die heilende Kraft des Fastens wurde schon früher erkannt und angewandt. Plutarch, der berühmte Geschichtsschreiber (um 46 bis um 120), bemerkte: »Statt Medikamente zu nehmen, faste einen Tag lang.« In jüngster Vergangenheit wurde dieser Zweig der natürlichen Therapie gründlich erforscht von Wissenschaftlern in Europa und in den USA und bemerkenswerte Ergebnisse mit dem »Heilfasten« erzielt, wie es manchmal genannt wird.

Wenn auch der geistliche Aspekt dieses Themas viel wichtiger ist, so sind doch die Bedürfnisse des Leibes, seine Gesundheit und sein Wohlergehen Dinge, mit denen wir uns ebenfalls befassen müssen. Unser körperliches Befinden kann unser geistliches Leben oft mehr beeinflussen, als wir meinen.

Weil die Leiber der Gläubigen Tempel des Heiligen Geistes sind, wie uns der Apostel sagt, und weil sie zu einem solch hohen Preis erkauft sind, sollen wir Gott in ihnen verherrlichen. Wird Gott verherrlicht, wenn sie schwach oder krank sind durch Vernachlässigung der göttlichen Gesetze, die zu ihrem

Wohlergehen gegeben wurden? Wird Gott verherrlicht, wenn aus uns im Kampf »Gefallene« werden durch übermäßiges Arbeiten und Essen oder durch Unterernährung und das Versäumnis, unserem Leib seinen »Sabbat« der Ruhe und der Entspannung zu geben? In einer Zeit, geprägt vom Streß, wo der Verfall von Geist oder Leib sogar unter bekennenden Christen alltäglich wird, kommt dem körperlichen Nutzen des Fastens für Gott besondere Bedeutung zu. Hier haben wir ein göttliches Rezept für Gesundheit und Heilung, für die Erneuerung von Geist und Leib, die wir näher betrachten wollen.

19

HEILFASTEN

»Mein Lieber, ich wünsche, ... daß du gesund bist« (3. Johannes 2).
»Deine Heilung wird schnell voranschreiten« (Jesaja 58,8).

Gott ist nicht unbedingt interessiert an Krankheit und Gebrechen. Wir können ruhig sagen, daß es im allgemeinen sein Wunsch ist, daß sein Volk gesund ist, wie es auch der Apostel seinem Freund wünschte. Die Ausnahmen bestätigen nur die Regel. Wenn es nicht so wäre, hätte er den menschlichen Leib nicht mit den ihm eigenen wunderbaren Heilkräften ausgestattet oder seiner Gemeinde den Dienst des Heilens übertragen.

Die vielfältigen segensreichen Wirkungen eines Fastens für Gott enthalten auch die Verheißung: »Deine Heilung wird schnell voranschreiten.« Ist das nun eine natürliche Heilung durch Fasten oder eine übernatürliche Heilung? Wir glauben, daß diese Verheißung beide Möglichkeiten enthält.

Durch das Fasten werden wir, wie bereits erwähnt, von der natürlichen, materiellen Schöpfung losgelöst und unser Denken richtet sich auf Gott und die unsichtbare Welt, deren Mittelpunkt er ist. Als unvermeidliche Folge wird der Glaube freigesetzt, und »der Glaube ist eine feste Zuversicht auf das, was man hofft, und ein Nichtzweifeln an dem, was man nicht sieht« (Hebraer 11,1).

Die Schrift berichtet einige der herrlichen Taten Gottes für ganz gewöhnliche Männer und Frauen, die es wagten, ihm zu glauben. Sie haben Königreiche besiegt, Verheißungen empfangen, Löwenrachen verschlossen, Feuermeere gelöscht und sogar die Auferstehung von Toten gesehen (Hebräer 11,33–35). Es überrascht darum nicht, daß durch die Neuerweckung des Glaubens, die durch das Fasten bewirkt wird, Gott oft eine Verheißung der Heilung auf übernatürliche Weise erfüllt hat.

Es gibt aber auch die natürliche Heilung und Verjüngung des Leibes durch Fasten, die wir im vorausgehenden Kapitel angesprochen haben. Hier steht jedem ein natürliches Gut zur Verfügung, der sich längere Zeit im Fasten übt.

Als David und seine Leute nach den Amalekitern suchten, die Ziklag überfallen und niedergebrannt hatten, fanden sie einen Ägypter, der auf dem offenen Feld lag. Er war der Sklave eines Amalekiters, war drei Tage zuvor krank geworden und von seinem Herrn zurückgelassen worden, um zu sterben. Drei Tage und drei Nächte lang hatte er weder gegessen noch getrunken. Nachdem er gestärkt worden war, konnte er nicht nur seine Geschichte erzählen, sondern David und seine Männer auch zum Stamm bringen, den sie suchten (1. Samuel 30,11–15). Anscheinend hat das dreitägige Fasten ihn geheilt.

Es wird wohl niemand bestreiten, daß es in Ländern, wo Nahrungsmittel reichlich vorhanden sind, viel mehr Kranke durch Unmäßigkeit gibt, als durch Unterernährung.

Der Edwin Smith-Papyrus, der auf etwa 3700 Jahre geschätzt wird, zitiert einen ehemaligen ägyptischen Arzt: »Der Mensch ißt zu viel. Daher lebt er nur von einem Viertel dessen, was er verzehrt. Von den restlichen Dreivierteln leben die Ärzte.«

James Morrison schreibt in »Christianity Today«: »Es gibt eine Vielzahl von Krankheiten, die ihre Ursache in der Völlerei haben und durch Fasten ausgemerzt werden könnten.« Zweifellos gibt es Gebrechen, die geheilt oder sogar verhütet werden könnten und der Gesundheitszustand könnte verbessert werden, wenn mit geänderten Eßgewohnheiten das Fasten geübt würde. Dessen ungeachtet, schaufeln sich die Menschen weiterhin ihr Grab mit Messer und Gabel!

Wir haben bereits über die tiefe geistliche Läuterung gesprochen, die das Gott geweihte Fasten kennzeichnet. Dieser Vorgang im geistlichen Bereich ist – oft auf unangenehme Weise – gleichzeitig im körperlichen Bereich erfahrbar. Die Läuterung der Seele spiegelt sich in der Reinigung des Körpers wider. Die Ablagerung von überschüssigem Fett, die Schlacken und das tote Gewebe werden verdaut und ausgeschieden.

Da keine Nahrung aufgenommen wird, kann sich der Leib nicht länger mit der Verdauung beschäftigen; darum konzentriert er sich auf den Vorgang der Ausscheidung. Obwohl das in der Anfangszeit eines längeren Fastens deutlicher zutage tritt, in der der Gewichtsverlust größer ist, setzt sich dieser Vorgang doch bis zum Schluß fort.

Dr. Buchinger, ein deutscher Spezialist des Heilfastens, gebraucht das Beispiel eines Alaska-Bauern, der durch winterliche Schneefälle von der Umwelt abgeschnitten ist und dessen Brennstoff immer spärlicher wird. Er sieht sich zunächst nach Abfallholz, zerbrochenen Möbelstücken, alten Zeitungen und Büchern um. Danach muß er entscheiden, was er für Heizzwecke opfern kann. Erst nachdem alles, was nicht unbedingt notwendig ist, verbraucht worden ist, wird er Gebrauchsgegenstände verheizen. Er erklärt dieses Beispiel wie folgt: »Je wertloser das Material, desto weniger reut seine Verbrennung im Feuer des Stoffwechsels. Nachdem aber das überschüssige Fett, Unreinheiten und totes Gewebe aufgebraucht sind, kann die Substanz des Körpers nicht mehr so freizügig angegangen werden . . . Der bis ins Detail genaue innere Mechanismus führt seine Arbeit erstaunlich präzise aus, wie ein Chirurg, der aber ohne Messer arbeitet. In dieser Phase werden gefährliche, hartnäckige Ablagerungen angegriffen. Erst nachdem die verborgenen Winkel alle gesäubert sind, muß der Organismus die wertvollen restlichen Gewebemassen angehen, um den Stoffwechsel während des Fastens aufrecht zu erhalten.« An diesem Punkt sollte man natürlich das Fasten abbrechen.

Nur derjenige, der diesen Vorgang persönlich erfahren hat, kann sich mit David identifizieren, wenn er sagt: »Ich *tat mir wehe* mit Fasten« (Psalm 35,13). Es ist tröstlich zu wissen, daß die Unannehmlichkeiten, die dem frühen Stadium des längeren Fastens eigen sind, eine wertvolle Läuterung des Leibes bewirken, von den geistlichen Wohltaten ganz abzusehen. Das sollte uns durch die stürmischen Wellen helfen, den ruhigeren Strand zu erreichen, der dahinter liegt.

Wie uns die medizinischen Experten versichern, sind die Poren der Haut, der Mund, die Lungen, die Nieren, die Leber und natürlich auch der Darm in diesen körperlichen Frühjahrsputz mit einbezogen. Der unangenehme Geschmack im Mund, die belegte Zunge und der schlechte Mundgeruch gehören alle zu diesem Vorgang. Ein bekanntes Symptom ist das »Fasten-Kopfweh«, das zumeist davon herrührt, daß der Körper auf das plötzliche Ausbleiben von Tee und Kaffee reagiert, ein mildes Entzugssyndrom im Bemühen des Körpers, ohne Coffein auszukommen. Diejenigen, die keine solchen stimulierenden Mittel zu sich nehmen, haben

diese Schwierigkeiten nicht. Das Kopfweh kann aber auch andere Ursachen haben. Manche neigen zu Schlaflosigkeit, vorübergehende Bauchschmerzen, Übelkeit, Schwindel und natürlich Schwäche.
Wir können nicht damit einig gehen, daß Fasten leicht oder schön sei, etwas, das unserer Natur liegt, wie manche Leute behaupten. Wir sehen in der Bibel auch keinen Anhaltspunkt dafür, daß Gott es so gewollt hat; ganz im Gegenteil. Es ist eine körperliche und geistliche Medizin. Ganz gleich, wie gut der Apotheker eine Medizin mit Zucker überzieht, gilt für uns das Urteil: »Unangenehm, aber gut für dich!«
Worin besteht nun der allgemeine körperliche Nutzen? Dieser Reinigungsvorgang eines längeren Fastens bewirkt gewöhnlich glänzende Augen, reinen Mundgeruch, reine Haut und ein Gefühl körperlichen Wohlbefindens. Der Verdauungsapparat wird wie neu. Ein Reichgottesarbeiter erklärte nach nur fünftägigem Fasten: »Es ist mir, als ob ich einen ganz neuen Magen bekommen hätte.« Eine Verdauungsschwäche, die ihn jahrelang geplagt hatte, war verschwunden.
Die Sinnesorgane des Körpers, besonders der Geschmacks- und Geruchssinn, neigen dazu, erneuert und geschärft zu werden, und die geistigen Kräfte werden erstaunlich klar und lebhaft. Was auch der körperliche Nutzen des Fastens sein mag, es muß betont werden, daß dieser Nutzen verlorengeht, wenn nicht die Ursachen unserer Krankheit – zum Beispiel schädliche Eß- oder Lebensgewohnheiten – beseitigt werden.
Ob wir gesund sind oder nicht, müssen wir nach dem Willen Gottes fragen, bevor wir uns zum Fasten entschließen, besonders wenn es ein längeres Fasten sein soll. Außerdem müssen unsere Ziele

und Motive stimmen. Vor allem muß unsere Hauptsorge die Ehre Gottes und die geistlichen Ziele sein, ganz gleich, was wir zusätzlich an Gesundheit und Heilung davon erhoffen.

20
WIE MAN BEGINNT

Gib uns Entschlossenheit, zu tun, was wir erkannt, gib uns die Kraft, nach bestem Wissen uns zu müh'n, laß uns gezielt, mit Macht und unbeirrt ausholen zum Schlag.

John Drinkwater

Demjenigen, der nicht nur akademisches Interesse an diesem Thema hat oder sich lediglich theoretisches Wissen aneignen möchte, sondern überzeugt ist, daß Gott von ihm erwartet, daß er einiges von dem Gelernten in die Tat umsetzt, geben wir ein paar einfache Ratschläge. Es gibt beim Fasten, wie beim Beenden des Fastens Gefahren, die umgangen werden sollten. Wir beschäftigen uns hier nicht mit allen praktischen Fragen, die besonders in bezug auf das längere Fasten aufkommen. Wir haben versucht, diesbezügliche Fragen im Anhang zu beantworten. Hier geht es uns hauptsächlich darum, den Anfänger anzuleiten und ihn zu ermutigen.

Wenn du noch niemals gefastet hast, beginne nicht gleich mit einem 40tägigen Fasten, wenn du nicht absolut sicher bist, daß Gott dies von dir möchte. Der Körper gewöhnt sich allmählich an das Fasten, und Gott verlangt gewöhnlich nicht von uns, daß wir laufen, bevor wir gelernt haben zu gehen oder zu krabbeln. Beginne mit einem Teilfasten (Kapitel 4) oder faste einen Tag bis zum späten Nachmittag. Das nächste Mal dehne das Fasten bis zum Abend aus und esse dann nur leicht oder nur Obst.

Wenn du einen Tag fasten kannst, ohne dich schwach oder ausgehungert zu fühlen (damit ist nicht gesagt, daß du keinen Hunger verspürst!), kannst du, wenn Gott es will, auch länger fasten,

sagen wir 3, 5 oder 7 Tage. Das längere Fasten ist manchmal dazu angetan, geistliche Ziele zu verwirklichen, die durch das kürzere Fasten nicht erreicht werden, ganz zu schweigen von den körperlichen Auswirkungen. Aber je länger das Fasten ist, das dir vorschwebt, desto sicherer solltest du sein, daß Gott das von dir möchte.
Hüte dich davor, andere einfach nachahmen zu wollen, ganz gleich, wie geistlich sie auch sein mögen. Hüte dich davor, von fleischlicher Begeisterung mitgerissen zu werden. »Bewahre deinen Diener auch vor der Sünde der Vermessenheit« müssen wir ständig beten. Denke daran, daß Askese genauso »fleischlich« sein kann wie Unmäßigkeit; Askese ist eine Sünde des Geistes, Unmäßigkeit eine Sünde des Leibes. Während die Pharisäer fasteten, wandte der Himmel sein Gesicht zur Seite.
Wenn das Fasten mehrere Tage dauern soll, sind wir versucht, übermäßig zu essen, bevor wir damit beginnen. Wir sagen uns im Innern, daß die Kühe vor den sieben Hungerjahren sicher gut gefüttert und gemästet wurden! Es ist viel besser, wenn wir unseren Willen in diesem Kampf um Selbstdisziplin von Anfang an unterwerfen; das wird uns den späteren Kampf erleichtern.
Manche raten, am letzten Tag vor dem Fasten nur frisches Obst zu essen und zwar, wenn es ein mehrtägiges Fasten werden soll. Dr. Buchinger, der dies empfiehlt, begründet dies damit, daß der »Obsttag« dafür sorgt, daß die letzte Mahlzeit, die im Darm verbleibt, aus Obst besteht und damit weniger fäulniserregend ist, als andere Speisereste es sind. Es empfiehlt sich, einige Tage vor dem angesetzten Fasten sich von Tee und Kaffee zu enthalten, um die Kopfschmerzen vorwegzunehmen, die sich mit dem Entzug einstellen können. Am besten ist es, zu

diesen Gewohnheiten überhaupt nicht mehr zurückzukehren oder zumindest äußerst mäßig. Ansonsten mußt du dich hauptsächlich in Geist und Herz vorbereiten.

Es ist wichtig, dieser geistlichen Übung in einer Haltung entgegenzugehen, die die Grundsätze und die Beschaffenheit des Fastens für Gott beachtet, die in früheren Kapiteln bereits besprochen wurden. Vielleicht sind folgende Fragen hilfreich:

1. Bin ich überzeugt, daß der Wunsch zu fasten von Gott stammt?
   Möchte Gott von mir ein gewöhnliches oder ein Teilfasten? »Jesus wurde vom Geist in die Wüste geführt.«
2. Stimmen meine Motive? Habe ich den verborgenen Wunsch, andere zu beeindrucken? »Euer Vater, der ins Verborgene sieht, wird euch belohnen.«
3. Was sind meine geistlichen Ziele bei diesem Fasten?
   Persönliche Heiligung oder Weihe?
   Fürbitte? Welche besonderen Anliegen?
   Göttliches Eingreifen, Führung oder Segen?
   Geistliche Fülle für mich oder andere?
   Die Gebundenen zu lösen?
   Den göttlichen Zorn zu besänftigen, Erweckung zu erflehen?
   »Ich jage nach dem vorgesteckten Ziele.«
4. Sind meine Ziele selbstsüchtig? Wiegt mein Wunsch nach persönlichem Segen meine echte Sorge für andere auf? »Ein jeglicher sehe nicht auf das seine, sondern auf das, was des andern ist.«
5. Bin ich entschlossen, mit diesem Fasten vor allem dem Herrn zu dienen? »Sie dienten dem Herrn und fasteten.«

Es ist zu erwarten, daß die Fastenzeit für dich eine

Zeit des Kampfes mit den Mächten der Finsternis wird, wie sie es auch für deinen Meister war. Satan wird oft versuchen, deinen körperlichen Zustand auszunutzen, um dich anzugreifen. Eine seiner Waffen ist die Entmutigung. Schütze dich davor, indem du im Lobpreis verharrst.

Lies Epheser 6 und mache dir die ganze Waffenrüstung Gottes zu eigen, dann wirst du unverwundbar sein gegenüber den Schlichen Satans. Mach ganz speziellen Gebrauch vom Schild des Glaubens, um alle seine feurigen Pfeile zu löschen. Im Zweikampf benutze das Schwert des Geistes und erkläre dem Satan: »Es steht geschrieben . . .« Rufe den Sieg deines großen Heerführers über alle Fürsten und Gewalten aus.

Begehe nicht den Fehler, die Wirksamkeit deiner Fürbitte nach deinen Gefühlen zu beurteilen, denn die Zeiten intensiven Betens und Fastens sind in dieser Beziehung oft mühevoller, nicht leichter, und du wirst oft statt größerer Freiheit, größere Bedrängnis erfahren. Das ist meist der Punkt, an dem Ausschlaggebendes geschieht. Das ist Kampf. Das ist himmlischer Kriegsdienst. Dein Heerführer hat dir Kampf, keinen Spaziergang, versprochen. Er gab dir Waffen, mit denen du siegen kannst. Die Resultate wirst du oft erst viel später sehen, aber die Verheißung gilt: »Dein Vater, der ins Verborgene sieht, wird dirs vergelten.«

Geh hin von Kraft zu Kraft,
ringend, kämpfend, betend;
tritt finstere Mächte nieder,
siegend im guten Kampf!

Charles Wesley

21

WIE MAN DAS FASTEN BEENDET

»Sie gaben ihm Brot zu essen und Wasser zu trinken und gaben ihm ein Stück Feigenkuchen und zwei Rosinenkuchen. Und als er gegessen hatte, kam er wieder zu sich; denn er hatte in drei Tagen und drei Nächten nichts gegessen und kein Wasser getrunken« (1. Samuel 30,11–12).

Ein ein- oder zweitägiges Fasten zu beenden, bereitet keine Schwierigkeiten. Es ist aber außerordentlich wichtig zu wissen, wie ein längeres Fasten auf richtige und falsche Weise beendet werden kann, damit Schmerzen und Unwohlsein verhindert werden können. Dieses Kapitel handelt daher davon, wie man ein längeres Fasten praktisch richtig beendet.

Die Schrift gibt keinen Aufschluß darüber, wie die Leute ihr Fasten beendeten; vielleicht auch deshalb, weil diese Dinge jedem bekannt waren, denn das Fasten war in biblischen Zeiten etwas ganz normales, sowohl bei Menschen anderer Religionen wie auch bei den Juden und Christen. Jedenfalls gewinnt man den Eindruck, daß das Fasten und das Beenden eines Fastens keine komplizierte Sache war. Wir sollten daher versuchen, alles so einfach und natürlich wie möglich zu halten, damit die Betonung auf dem Geistlichen bleibt.

Die Kunst, ein Fasten richtig zu beenden, liegt darin, den Körper so rasch und problemlos wie möglich zu seiner gewohnten Tatkraft und die Verdauungsorgane zu ihrer normalen Tätigkeit zurückzuführen. Wenn der Hunger erwacht, während der Körper noch vorübergehend unfähig ist, normale

Nahrungsmengen zu verkraften, ist es lebensnotwendig, den Appetit zu bezähmen und zu zügeln, bis der Körper eine volle Mahlzeit vertragen kann. Diese Prüfung auf Selbstdisziplin ist zumindest so groß, wie irgendeine andere Prüfung in den früheren Stadien des Fastens; damals verringerte sich der Heißhunger mit jedem neuen Tag, nun vermehrt er sich.

Weil diese Zeit schwierig ist und weil man nach dem Fasten ja meistens so rasch wie möglich zum gewöhnlichen Arbeitspensum zurückkehren muß, sollte diese Übergangsperiode nicht unnötig hinausgezogen werden. Wenn nicht aus gesundheitlichen Gründen nach dem Fasten strenge Diät eingehalten werden muß, verträgt der Körper gewöhnlich jede Art von Nahrung innerhalb von 8 bis 14 Tagen nach dem längsten Fasten und innerhalb einer Woche bei Fasten von bis zu 21 Tagen; allerdings ist die Menge der Nahrungsaufnahme sehr viel geringer.

Aus der Schrift geht nicht hervor, daß dem biblischen Fasten eine längere Zeit der Diät folgte, bevor man zur täglichen Routine überging. Es gibt überhaupt keine Anhaltspunkte dafür, daß die Übergangsperiode der Länge des Fastens entsprechen muß. Würde man darauf bestehen, wie manche es tun, so würde das bedeuten, daß das Fasten unnötigerweise gekürzt werden müßte, um für einen entsprechenden Zeitraum bis zur normalen Nahrungsaufnahme zu erlauben, weil ja die Gesamtzeit, die man zur Verfügung hat, begrenzt ist.

D. Herbert Shelton, der in Amerika jahrelang ein Privatinstitut für Heilfasten unterhielt, dürfte wohl einer der größten Kapazitäten auf diesem Gebiet sein. In 45 Jahren hat er über 30000 Fasten von Menschen jeden Alters überwacht, die ein paar

Tage bis 90 Tage gedauert haben. Er ist der Meinung, daß jeder normale, gesunde Mensch innerhalb einer Woche wieder normal essen kann, auch wenn er über 21 Tage lang gefastet hat.
Ob nun die Übergangsperiode kürzer oder länger ist, so stimmen in jedem Fall alle überein, daß größte Vorsicht geboten ist. Das beruht auf der Tatsache, daß zwei wichtige Dinge während des längeren Fastens im Verdauungsapparat geschehen sind. Erstens ist der Magen allmählich geschrumpft, so daß er am Ende auf gar keinen Fall die frühere Kapazität für Nahrungsaufnahme besitzt und schon die kleinste Menge ein erstaunliches Völlegefühl bewirkt. Zweitens haben die Organe des Körpers, die gewöhnlich mit der Verdauung beschäftigt sind, den Vorteil ihrer Ferien ausgenutzt und sind in eine Art Winterschlaf verfallen, der tiefer und tiefer wird, je länger das Fasten andauert.
Dieser beiden Tatsachen wegen ist die größte Vorsicht geboten in bezug auf *wieviel* du ißt, *was* du ißt und *wie* du ißt. Dem Magen muß genügend Zeit gelassen werden, sich wieder zur normalen Größe zu entwickeln, wenn diese vielleicht auch gegenüber der früheren Größe verringert ist. Auch die Verdauungsorgane müssen sanft und allmählich dazu bewegt werden, aufzuwachen und sich normal zu betätigen. Je länger der Schlaf gedauert hat, desto länger muß die entsprechende Zeitspanne sein, die wir dem Aufwachprozeß zugestehen müssen.
Wann sollte das Fasten beendet werden? Manchmal wird Gott uns ganz spezielle Hinweise dafür geben, schon zu der Zeit, in der er uns zum Fasten auffordert. Oft wird das auch durch die Umstände und Verpflichtungen bestimmt. Andererseits können wir auch während des Fastens Hinweise dafür

erhalten, wie im Fasten, über das im nächsten Kapitel berichtet wird. Sobald du den Willen Gottes in dieser Sache kennst, hüte dich vor der Versuchung des Teufels, der dich durch Schwierigkeiten und Entmutigung dazu veranlassen will, das Fasten vorzeitig zu beenden. Es gibt in der Schrift das tragische Beispiel eines Propheten, den Gott mit einer wichtigen Mission betraut hatte und dem Gott gesagt hatte, er solle fasten, bis seine Mission beendet sei; der Feind verführte ihn dazu, das Fasten vor der Zeit zu beenden, was furchtbare Konsequenzen nach sich zog (1. Könige 13).

Man könnte das Fasten natürlich mit irgend einer Nahrung beenden, doch manche Nahrungsmittel eignen sich offensichtlich besser als andere. Die zwei entscheidenden Fragen sind, was der Körper am besten verdaut und was ihn im gegenwärtigen Stadium am besten und schnellsten wieder zu allgemeinen Kräften bringt.

Fast alle Experten stimmen darin überein, daß ein gewöhnliches Fasten (das heißt bei Wasser allein) von einer gewissen Dauer am besten mit Obst- oder Gemüsesäften beendet wird, womöglich nicht konserviert (Dosen oder Flaschen), sondern aus frischen Früchten oder frischem Gemüse. Viele bestätigen, daß sich Zitrusfrüchte am besten eignen. Das trifft sicher in Ländern zu, wo Orangen und Pampelmuse in gereiftem Zustand gepflückt werden. Wo sie aber importiert werden, muß die Frucht in ungereiftem Zustand geerntet werden und der Saft ist dann oft zu säurehaltig. Apfel-, Tomaten- oder Traubensaft sind mögliche Alternativen, oder auch reine Zitrussäfte in Dosen aus sonnengereiften Früchten.

Beginne zunächst mit einer kleinen Menge, etwa einem halben Glas, wenn nötig mit Wasser ver-

dünnt, alle 2–3 Stunden am ersten Tag. Diese Menge kann allmählich gesteigert werden und zum Schluß kannst du die Frucht selbst genießen. Nun kommt die Milch dazu, besonders als Yoghurt mit Frucht gemischt, der sehr bekömmlich ist.
Frische Salate (ohne Salatsoße), frische Gemüsesuppe (kein Fett) und gekochtes Gemüse kann nun dazukommen. Was neu hinzukommt, sollte immer zuerst in kleinen Mengen aufgenommen werden, die sich ganz allmählich vergrößern.
Als nächstes kann Knäckebrot oder geröstetes Vollkornbrot mit wenig Butter zu den Mahlzeiten gegessen werden. Aber Kuchen, Gebäck und Kekse sollte man meiden. In diesem Stadium sollte man bei den stärkehaltigen Nahrungsmitteln bleiben. Eiweiß wird am besten zunächst in Form von Käse, Eiern oder Nüssen aufgenommen; erst ganz zum Schluß in Form von Fisch und Fleisch. Wie schnell man den Speisezettel in Vielfalt und Menge ausweitet, hängt von der Dauer des Fastens und von der Anpassungsfähigkeit des Körpers ab.
Es ist äußerst wichtig, langsam zu essen und die Speise so gut zu kauen, daß sie als Brei geschluckt wird. Man sollte beim ersten Zeichen von Völlegefühl aufhören, auch wenn die Portion noch nicht aufgegessen ist. Unwohlsein nach einer Mahlzeit ist ein Zeichen dafür, daß man langsamer vorangehen soll und wenn nötig, daß man die nächste Mahlzeit ausfallen lassen sollte. Hier ist Selbstdisziplin gefordert.
Es ist auch wichtig, in dieser Zeit so viel wie möglich zu ruhen, um dem Körper Gelegenheit zu geben, sich auf die Verdauung zu konzentrieren. Man sollte nicht zu schnell zu aktiv werden wollen. Im Anhang werden noch weitere praktische Hinweise zur Beendigung des Fastens gegeben.

Diese goldenen Regeln sind zur Beherzigung empfohlen:

1. Achte auf die Mengen.
2. Iß langsam und kaue gut.
3. Höre beim ersten Warnsignal auf.
4. Ruhe so viel wie möglich.
5. Tu nicht zuviel zu bald.

Es wäre gut, wenn wir nun in Gedanken und im Gebet unsere zukünftigen Eßgewohnheiten unter die Lupe nehmen würden. Sicher wollen wir unsere früheren undisziplinierten Gewohnheiten nicht wieder aufnehmen, wie zum Beispiel übermäßiges Essen, Essen zwischen den Mahlzeiten oder ungesundes Essen – das zwar den Gaumen kitzelt, aber dem Körper nichts nützt. Vielleicht steht das aber auch außerhalb unserer Beeinflussung. Die Frage ist jedenfalls: »Was tue ich, wenn ich die Wahl habe?« Gewisse Dinge sollten wir auf jeden Fall beachten, nicht nur, was wir essen. Einige Empfehlungen werden darüber im Anhang gegeben.

Im Stadium der Wiederaufnahme von Nahrung können wir es uns nicht leisten, uns geistlich auszuruhen; das können wir nur körperlich tun. Wir müssen dauernd auf der Hut sein, weil der »Dieb« sich immer noch herumtreibt. Wir dürfen über unser Fasten nicht leichtfertig sprechen, weder über die Dauer, noch über die Erfahrungen, die wir vielleicht gemacht haben, damit wir »im Verborgenen fasten«, wie Christus es angeordnet hat.

In dieser Zeit sollte bekräftigt werden, was durch das Fasten bezweckt wurde, und man sollte mit seinen Gebeten durchdringen in Dingen, die Gott gezeigt hat. Es kann sein, daß man jetzt in der Fürbitte freier ist als während des Fastens. Man sollte nun, wenn nicht schon früher, die Früchte dieser gottgeweihten Zeit spüren, mit überströmen-

dem Segen nicht nur für einen selbst, sondern für alle, für die man gebetet hat.
Dies sollte wirklich ein Frühling der Seele wie auch des Leibes sein. Es ist, als ob dein Geliebter sagen würde: »Der Winter ist vergangen, der Regen ist vorbei und dahin. Die Blumen sind aufgegangen im Land und die Turteltaube läßt sich hören in unserem Lande.« Neuer Glaube, neue Hoffnung, neue Liebe für Gott und die Menschen, neue Vorsätze, allein und uneingeschränkt zu seiner Verherrlichung zu leben – all dies sollte auf dem Altar deiner Seele brennen, geschürt von dem Feuer der Fürbitte.
So wirst du, wie dein Herr und Meister, aus deiner Fastenwildnis »in der Kraft des Geistes« zurückkehren, in der Erwartung, daß die Werke Gottes und die Gnaden Christi sich in dir offenbaren wie bei ihm.
»Wahrlich, wahrlich, ich sage euch: wer an mich glaubt, der wird die Werke auch tun, die ich tue, und wird größere als diese tun, denn ich gehe zum Vater. Und was ihr bitten werdet in meinem Namen, das will ich tun, auf daß der Vater verherrlicht werde in dem Sohn« (Johannes 14,12–13).

22

TAGEBUCH EINES FASTENS

Ein guter Freund des Autors hat ihm dieses Tagebuch über ein 21tägiges Fasten zur Verfügung gestellt. Selbstverständlich sind dies nur Auszüge aus dem Tagebuch, weil es da vieles gab, was nicht veröffentlicht werden kann, weil es nur den Schreiber und seinen Herrn angeht. Was aber berichtet wird, geschieht zur Verherrlichung Gottes und zu unserer Wegweisung und Ermutigung. Es wurde vereinbart, daß diese Aufzeichnungen anonym veröffentlicht werden.

Viele der Grundsätze, die hier besprochen worden sind, treten darin offen zutage: die eindeutige Führung; die Versorgung mit materiellen Gütern während dieser Zeit; im Vordergrund das Wort der Bibel; der Geist des Lobpreises in körperlichen Beschwerden; der tiefe, persönliche Umgang mit Gott; die Betonung der Fürbitte; konkrete Antwort auf Gebete; und die wechselnden körperlichen Empfindungen.

Diejenigen, die eine Sensation erwarten, werden enttäuscht sein. Der Tagebuchschreiber hatte nicht die Freiheit, zur Veröffentlichung preiszugeben, was er im übernatürlichen Bereich erfahren durfte, ausgenommen ein oder zwei Dinge.

Gott kann in solchen Zeiten wohl seine Gegenwart auf außerordentliche Weise spürbar machen, doch sollten wir nicht danach trachten, als ob dies die Hauptsache wäre. Der Wert eines Fastens richtet sich nicht nach der Zahl der spektakulären oder dramatischen Ereignisse, sondern nach dem echten, bleibenden Gewinn für das Reich Gottes. Nach diesem Grundsatz beurteilt, wird das hier aufgezeichnete Fasten in der Schätzung des Himmels sicher einen hohen Platz einnehmen.

VORBEREITUNG

1. April
Der Herr legt mir eine längere Zeit aufs Herz, während der ich ihn unter Fasten suchen soll. Deshalb lasse ich Tee und Kaffee weg zur Vorbereitung. Ich brauche vom Herrn eine eindeutige Offenbarung seines Willens für die Zukunft, eine tiefere Erkenntnis Gottes und Hilfe in der Reichsgottesarbeit, für die spezielle Fürbitte nottut. Heute wurde mir ein Buch über Gebet und Fasten geschenkt. Ich dankte dem Herrn für diese Bestätigung. Nun muß ich nur noch Gewißheit darüber haben, wann ich anfangen soll.

2. April
Ich habe das Buch über Gebet und Fasten gelesen und viel daraus gelernt.

4. April
Beim Gebet fragte ich den Herrn heute, wann ich mit dem Fasten beginnen soll. Der 24. wurde meinem Herzen eingeprägt. Er wird es bestätigen.

5. April
Im Gebet fragte ich Gott heute, den 24. zu bestätigen. Nach dem Gebet ging ich die Post holen. Es war ein Brief von R. dabei, der schrieb, daß der Herr ihm den 24. des Monats aufs Herz gelegt habe. Er wisse zwar nicht, warum, wollte es mir aber schreiben, falls dieses Datum für mich von Bedeutung sei. Halleluja! Die Bestätigung des Datums.

8. April

Im Gebet mit meiner Frau erwähnte diese einen Vers, der ihr von befreundeter Seite gegeben wurde: »Bleib in Ephesus bis Pfingsten.« Als ich im Kalender nachsah, bemerkte ich, daß es 40 Tage waren vom 24. April bis Pfingstmontag. Der Herr redete heute zu mir durch die Lesung in Hesekiel 3,24–27: »Und der Geist kam in mich und stellte mich auf meine Füße. Und er redete mit mir und sprach zu mir: Gehe hin und schließ dich ein in deinem Haus! Und du, Menschenkind, siehe, man wird dir Stricke anlegen und dich damit binden, daß du nicht unter die Leute gehen kannst. Und ich will dir die Zunge an deinem Gaumen kleben lassen, daß du stumm wirst und sie nicht mehr zurechtweisen kannst; denn sie sind ein Haus des Widerspruchs. Wenn ich aber mit dir reden werde, will ich dir den Mund auftun, daß du zu ihnen sagen sollst: ›So spricht Gott der Herr!‹ Wer es hört, der höre es; wer es läßt, der lasse es; denn sie sind ein Haus des Widerspruchs.« Der Geist bezeugte mir dies. Die Zeit des Suchens soll hier im Hause sein. Die restlichen Bibelworte passen ebenfalls genau auf die gegenwärtigen Umstände.

23. April

Der Herr sprach zu mir durch Daniel 10,12: »Von dem ersten Tag an, als du von Herzen begehrtest zu verstehen und anfingst, dich zu demütigen vor deinem Gott, wurden deine Worte erhört« (hier folgt eine Aufzählung der Dinge, die der Herr seit dem 1. April als Antwort auf Gebet getan hatte).

Erster Tag (24. April)
Ich las im Buch der Chronik, wie Salomon sich vornahm zu bauen, wie er mit dem Bauen begann und wie er das Werk zu Ende brachte. Heute ist der erste Tag des Fastens. Habe viel gearbeitet und studiert und bin vor dem Herrn stille gewesen. A. kam mit einem Sack Kartoffeln, einer großen Kiste mit Lebensmitteln und 75.–DM Bargeld. Wie gütig ist doch der Herr, daß er so liebevoll für die Familie sorgt. Einige Besucher kamen und mehrere riefen an. Habe ungefähr 6 Tassen warmes Wasser getrunken. Fühle mich wohl. Ging um 22.00 zu Bett.

Zweiter Tag
Fürbitte für viele Dinge heute (aufgezählt im Tagebuch) und für das Land . . . Viele Überlegungen aus dem Wort gewonnen. Fünf Besucher baten zu verschiedenen Zeiten um Rat. Habe 8 Glas Wasser getrunken. Arbeitete 12 Stunden und widmete mich dann noch einigen Besuchern. Wachte in der Nacht mit Unwohlsein auf, schlief aber im großen und ganzen gut.

Dritter Tag
Verbrachte viel Zeit mit dem Herrn, in der Fürbitte und im Wort. Hatte mehrere Besucher. Viel Arbeit erledigt. Schwächegefühle mit gelegentlichen Hungerkrämpfen. Der Körper reagiert in verstärktem Maße auf die Kälte. Habe beträchtliche Mengen heißes und kaltes Wasser getrunken.

Vierter Tag
Heute geschah Bedeutungsvolles in der Begegnung mit anderen – die Erfüllung dessen, was der Herr vor kurzem angedeutet hat. Herrlich, wie der Herr jetzt Leute schickt, und wunderbar zu sehen, wie er

seinen Plan verwirklicht. Wurde beim Lesen der Bergpredigt sehr gesegnet. Habe alle Befehle Jesu aufgeschrieben, die wir befolgen sollen. Freiheit im Gebet. Größeres körperliches Unbehagen und sehr empfindlich gegen Kälte. Keine eigentlichen Hungergefühle. Konnte das Frühstück für die Familie ohne Versuchung zubereiten.

Fünfter Tag
Im Wort geforscht und gebetet. Habe Tozers Lebensbeschreibung über A. B. Simpson gelesen. Dieser Mann wurde »als gering angesehen«, aber Gott gründete durch ihn eine der größten Missionsgesellschaften, die Missions-Allianzkirche.
Bis jetzt der beschwerlichste Tag mit Rückenschmerzen und allgemeinem Schwächegefühl und Übelkeit. Muß wohl alles ein Teil des inneren Entgiftungsprozesses sein. War geistlich weniger aufnahmebereit, aber der Herr ist meine Stärke.

Sechster Tag
Ein weiterer Arbeitstag, Harren auf den Herrn und Fürbitte. X. rief an, um eine Sache mit mir zu bereinigen, die er aus Menschenfurcht getan hatte. Der Herr segne ihn – die Demütigen segnet er immer. Der Diener des Herrn muß sich nicht abrackern – Gott verwirklicht seine herrlichen Ziele – wir haben den Schlüssel: Gebet. Immer noch unwohl und schwach heute, aber ich betrachte alles als Freude, weil alles in seinem Plan inbegriffen ist.

Siebter Tag
Wenn ich auch Freiheit im Gebet habe, weiß ich, daß es noch einen viel tieferen Platz in der Fürbitte zu erreichen gilt. Ich glaube, der Herr schickt Mittel für das Werk als Antwort auf Gebet. A. kam zu Besuch

heute nachmittag und wir hatten zwei Stunden Gemeinschaft miteinander und weinten vor dem Herrn in Gebet und Fürbitte.
Im allgemeinen körperliche Besserung. Einige Male schwach und ein Gefühl der Schwere. Seit Beginn des Fastens überhaupt kein Kopfweh gehabt. Merkliche Gewichtsabnahme.

Achter Tag
Verbrachte den größten Teil des Tages mit Dingen, die das Werk betreffen und im Gebet. Habe das Büchlein gelesen: »What really happened at Azusa Street« (Was in der Azusa-Straße passierte), ein Bericht über das Wirken des Heiligen Geistes in Amerika zu Beginn dieses Jahrhunderts. Fünf Freunde kamen abends zu Besuch und wir freuten uns zusammen in der Gegenwart des Herrn. Wir taten Fürbitte für einige in großer Not und für das Land. Die Gegenwart des Herrn war deutlich spürbar. Gewisse Gaben des Heiligen Geistes wurden offenbar.
Heute ging eine entscheidende Wendung im Körper vor sich, ein Gefühl des Wiedererstarkens. Ich fahre fort, täglich reichlich Wasser zu tinken. Kann nicht behaupten, daß kein Wunsch nach Essen besteht, aber es ist kein Heißhunger.

Neunter Tag
Große Freiheit in der Anbetung und tiefe Zerknirschung, als der Heilige Geist mich einen Blick auf das Leiden des Herrn werfen ließ. »Was sind diese Wunden in deinen Händen?« Er wurde für meine Übertretungen verwundet. Wie entsetzlich ist die Sünde! Ich möchte einen größeren Haß gegen sie haben. Geistig heute viel frischer und fühle mich viel besser, nur kurze Schwächeanfälle.

Zehnter Tag
Habe mein Herz heute gründlich erforscht. Mir wurde die Verderbtheit des Herzens gezeigt. Preis dem Herrn für das Blut Christi. Viel Arbeit erledigt. Mehrere Besucher gehabt. X. meldete sich – er ist befreit. Gott antwortet auf Gebet. A. bat auch ums Gebet – der Herr schickt Leute. Ich werde kräftiger. Trinke täglich 5 bis 6 Glas Wasser, meistens warm.

Elfter Tag
Wieder ein Tag der Fürbitte für das Volk und für das Werk in anderen Ländern. A. kam heute wieder und wir hatten kostbare Gemeinschaft im Gebet. S. und ich suchten am Abend gemeinsam den Herrn, mit großer Freiheit.
Fühle mich sehr gekräftigt. Der Körper hat abgenommen, aber das Herz ist erfüllt von seiner Güte. Schlafe etwa 8 Stunden pro Nacht.

Zwölfter Tag
In diesen Tagen ist vieles in Erfüllung gegangen von dem, was Gott in Hesekiel und mir persönlich vor Jahren gesagt hat, als er mich rief: »Auch wenn sie wider dich streiten, können sie dir doch nichts anhaben; denn ich bin bei dir, spricht der Herr, daß ich dich errette.« Ich bin dankbar dafür, daß wir in Liebe für diejenigen beten können, die uns widersprechen. »Wir ruhen auf dir, unserem Schild und Verteidiger.« A. kam zu Besuch und wir beteten gemeinsam. Habe im Buch Daniel gelesen; der Herr redete mit mir bezüglich Daniels 21tägigem Fasten. Ich weiß, daß ich 40 Tage im Harren auf den Herrn zubringen soll; er wird mir die Dauer des Fastens anzeigen. Bin bereit für alles, was er mir zeigen wird. Körperlich war dies wieder ein guter Tag. Kein Schwächegefühl. Das Gewicht

bleibt beständig. Ich trinke 6 und mehr Glas Wasser pro Tag.

Dreizehnter Tag

Das Harren auf den Herrn steht im Vordergrund. Nachdem Daniel drei Wochen gefastet hatte, wurde ihm offenbart, was dem Volk in den letzten Tagen widerfahren sollte. Ich strecke mich aus nach seinem Willen bezüglich der Reichsgottesarbeit in ... Der Herr sorgt treu für alle Bedürfnisse. Ich werde stärker, spüre kein Unwohlsein. Preis dem Herrn!

Vierzehnter Tag

Heute kam Post aus ... Habe für dieses Land gebetet und nun eine Antwort wegen der Zukunft erhalten. Wurde gesegnet durch das Buch von Andrew Murray: »Waiting on God« (Harren auf den Herrn). Vom körperlichen Befinden war dies der bisher beste Tag – fühle mich gestärkt; habe in 14 Tagen 20 Pfund verloren.

Fünfzehnter Tag

Konnte heute einiges erledigen. Zwei Freunde waren zu Besuch, wir verbrachten gewinnbringende Zeit in Gebet und Gespräch. Es ist herrlich, die Gebetserhörungen auf die Fürbitte, die wir getan haben, zu erfahren. Fast jeden Tag schickt der Herr Gaben für den Außendienst. Körperliches Wohlbefinden. Keine Schwäche, nur kurzfristiges Gefühl des Unbehagens.

Sechzehnter Tag
Habe heute viel gebetet und gelernt. Wie kostbar ist das Wort Gottes und welch ein wunderbarer Lehrer ist der Heilige Geist! Habe über das Wirken Johannes des Täufers und Elias gelesen. Wie dringend brauchen wir doch heute die Stimmen, die in der Wildnis rufen und auf das Lamm Gottes hinweisen. Gewöhnlicher Tag.

Siebzehnter Tag
Tag der Fürbitte für das Werk. Ich brauche einen bestimmten finanziellen Betrag. Heute abend schickte der Herr jemand mit dem genauen Betrag für diese Sache, Preis dem Herrn! Man wartet nicht umsonst auf den Herrn oder vertraut ihm vergeblich. Hatte eine tiefe Gebetslast für dieses Land – wie Daniel um sein Volk trauerte.
Leichtes Unwohlsein heute und manchmal etwas schwerfällig, doch so viel Grund, ihn für seine Gnade zu preisen, die mich trägt. Das ist keine Prüfung auf Ausdauer, sondern eine herrliche Erfahrung dessen, was es heißt, Gott allein genügt.

Achtzehnter Tag
Preis dem Herrn für einen weiteren Tag, an dem ich seine Kraft erfahren durfte. Der Herr schickte über 600 DM für das Werk. Erfuhr große Freiheit im Gebet und in der Fürbitte.

Neunzehnter Tag
Ständig werde ich an Daniels 21tägiges Fasten erinnert. Der Herr wird es zeigen. Wurde sehr durch das Lesen der Schrift im Buch der Chronik und im Lukasevangelium gesegnet. X. kam zu Besuch und wir suchten gemeinsam den Herrn. Habe in diesen Tagen diese Gemeinschaft so geschätzt. Ich erhielt

das Buch von Watchman Nee: »Das normale Gemeindeleben«. Wir haben es nötig, Christus und seine Kirche in einem neuen Licht zu sehen. Ein guter Tag. Es kommt einem so vor, als ob man noch lange so fasten könnte, wenn der Herr es wollte. Überhaupt kein Verlangen nach Speise. Trinke weiterhin etwa 6 Glas Wasser täglich. Wer hat je behauptet, daß Wasser geschmacklos ist?

Zwanzigster Tag
Das Gleichnis des reichen Mannes in Lukas 12 hat mich heute sehr beeindruckt mit seiner Botschaft: »So geht es dem, der sich Schätze sammelt und nicht reich ist für Gott.« – »Du Narr!« – Gott helfe uns, reich zu sein für ihn. Weitere Gebetserhörungen. A. kam wieder zur Gebetsgemeinschaft. D. fragte mich heute im Gespräch betreffs Daniel 10. Er wußte nicht, daß ich mich mit diesem Kapitel wegen des 21tägigen Fastens beschäftigte; ich glaube, die Erwähnung kommt vom Herrn. Ansonsten ein gewöhnlicher Tag, außer kurzen Momenten leichten Schwindels. Fühle mich wohl.

Einundzwanzigster Tag
Der Herr sprach durch 1. Chronik 22,11–19. Ich glaube, ich soll das Fasten morgen beenden. Er weiß ja um die Arbeit, die er für mich in den nächsten vier Wochen bereithält. I. rief an aus W. Wir hatten eine gute Gebetsgemeinschaft miteinander.

Beendigung des Fastens

1. Tag
Stand um 2 Uhr morgens auf, um zu lesen und zu beten. Bat den Herrn um Bestätigung, ob ich das Fasten beenden sollte. Als Bestätigung gab der Herr seinen Frieden. Ging wieder zu Bett und am Morgen gab er mir weitere Bestätigung seines Willens.
Ausgefüllter Tag – weitere Gebetserhörungen. Innige Fürbitte mit Flehen für dieses Volk. Beendete das Fasten mit etwas Apfel- und Orangensaft, mit Wasser verdünnt, und etwas Tomatensaft. Keine feste Nahrung.

2. Tag
Ich glaube, die vergangenen 3 Wochen haben mich auf diesen Tag vorbereitet. Der Herr gab mir eine große Last für dieses Volk, während ich ihn suchte, und ein Gesicht von einem großen brennenden Berg; aus dem Innern dieses Berges kam das Gericht Gottes. Ich schrie zu Gott um Erbarmen über dieses Land und bat ihn, er möge sein Gericht zurückhalten bis zur Erweckung. Ich weiß, der Herr hat mich erhört. Kann diesen Tag nicht mit Worten beschreiben. Er ist der Gott, der Gebet erhört, ein Gott der Barmherzigkeit.
Habe heute Fruchtsäfte getrunken. Fühle mich körperlich sehr gekräftigt und geistig sehr wach.

Bin allmählich wieder zum normalen Essen zurückgekehrt. Bin erst nach vielen Wochen auf mein normales Gewicht gekommen, aber ich hatte keine körperlichen Beschwerden, sondern fühlte mich gesünder als je zuvor.

Im Rückblick
Der Zweck des Fastens lag nicht im Empfangen, sondern im Geben durch das Harren auf Gott, durch Gebet und Fürbitte. Das Hauptanliegen war, für das Land ... Fürbitte zu tun und für das Werk der Evangelisation an einem anderen Volk zu beten. Es genügt, zu wissen, daß seine Ziele erreicht wurden. Es ist Belohnung genug, die Freude seiner Gegenwart und Gemeinschaft mit dem Herrn erfahren zu haben.
Jetzt wird sichtbar, daß seit den Tagen des Gebets und Fastens der Dienst der Befreiung für andere zugenommen hat und manchmal eine neue Vollmacht im Predigen des Wortes zutage getreten ist. Es wurden neue Türen für den Dienst an anderen Völkern geöffnet und das Gebet und die Fürbitte haben zugenommen. Doch es hat keinen Zweck, zurückzuschauen, sondern wir müssen einen Tag nach dem anderen leben, indem wir »auf Jesus schauen, den Ursprung und Vollender unseres Glaubens.« Fasten und Gebet waren ein fester Bestandteil des Lebens unseres Herrn auf dieser Erde, und »wer sagt, daß er in ihm bleibt, soll auch wandeln, wie er gewandelt ist.«

23

IN DEN LETZTEN TAGEN

Ich will meinen Geist ausgießen. Joel 3,1
Ich will meine Gemeinde bauen. Matthäus 16,18
Ich will wiederkommen. Johannes 14,3

Die Mitwirkung am Plan Gottes setzt ein Verstehen dieses Planes voraus. Es gibt drei Grundwahrheiten, die mehr als alle anderen zu stürmischen Kontroversen zwischen ernsthaften Christen geführt haben: die Lehre vom Heiligen Geist, die Lehre von der Gemeinde und die Lehre vom Wiederkommen Christi (mit den damit verbundenen Ereignissen). Das überrascht nicht, wenn man bedenkt, daß diese Lehren entscheidend zum Verständnis von Gottes Plan für die Welt beitragen. Satan kann es sich nicht leisten, diese lebenswichtigen Wahrheiten einfach und ohne Kampf der Gemeinde zu überlassen, denn sie sind es, die das Reich der Finsternis zerstören. Aber selbst Satans Bemühen um Spaltung können Gottes Pläne nicht zunichte machen.
Es ist höchst bedeutsam, daß in letzter Zeit ein weltweites Interesse am Wirken des Heiligen Geistes aufgekommen ist, besonders an der erwecklichen Ausgießung des Heiligen Geistes. Dies hat viele ernsthafte Menschen dazu veranlaßt, die Lehre von der Gemeinde neu zu überdenken. Wenn wir den neuen Wein des Geistes haben wollen, was hat es dann mit den neuen Weinschläuchen auf sich? Der schnellebige Wandel der Kirchensituation, beherrscht von der Ökumene, ermutigt viele Menschen, sich über Gottes ursprünglichen Plan für seine Gemeinde im neuen Testament zu informieren. Wie steht es mit den unerfüllten Weissagungen

und mit dem Wiederkommen Christi? Interesse an dieser Wahrheit wird sich künftig noch sehr vergrößern.
Wie eng sind nun diese drei lebenswichtigen Wahrheiten mit dem Fasten verbunden?

Die Ausgießung des Geistes
Viele Gläubige unserer Tage werden durch die Erfahrung der Kraft und der Gaben des Heiligen Geistes verwandelt. Viele andere, die überzeugt sind, daß eine weltweite Erweckung, eine Heimsuchung des Geistes die einzige Antwort auf die geistliche Not dieser Stunde sind, bitten um die Erfüllung der Verheißung an Joel, die Petrus am Pfingsttag zitierte: »Und es soll geschehen in den letzten Tagen, spricht Gott, da will ich ausgießen von meinem Geist auf alles Fleisch.« Was sollen wir dazu sagen? Waren die Pfingstereignisse damals schon die ganze Erfüllung der Weissagung Joels? Offensichtlich nicht, sonst hätte es keine anderen Ausgießungen des Geistes gegeben. Oder gehört die letzte Erfüllung in die Zukunft, wenn die Gemeinde nicht mehr hier ist? Petrus sagte, es würde »in den letzten Tagen« geschehen. Leben wir heute nicht in der Zeit, die die Schrift als die »letzten Tage« bezeichnet?
Einige sagen, daß die endgültige Erfüllung ausschließlich den Juden gilt. Aber die Verheißung sagt: »auf alles Fleisch«, und Petrus bestätigte dies als er sagte: »Denn diese Verheißung gilt euch und euren Kindern (Juden) und allen, die ferne sind (Heiden).« Er selbst war später Zeuge der Ausgießung auf die Heiden und erklärte: »Der Heilige Geist kam auf sie wie auf uns am Anfang.« Wenn also der frühere Regen die Heiden mit einbezog, warum sollte es der spätere Regen nicht tun?

Fast alle sind sich einig darüber, daß die Gemeinde eine Ausgießung des Geistes dringend nötig hat. Sollen wir annehmen, daß die Verheißung Joels in dieser Situation nichts zu sagen hat? Sind diese scheinbar spontanen Bitten um die Ausgießung des Geistes überall auf der Welt völlig fehlgeleitet und außerhalb des Willens Gottes? Was braucht die Gemeinde im Hinblick auf ihre Unfruchtbarkeit und Machtlosigkeit anderes, als eine Heimsuchung von oben?
Wenn wir wirklich glauben, daß diese wunderbare Verheißung uns gilt, daß sie tatsächlich Gottes Antwort auf die gegenwärtige Not ist, dann ist es äußerst wichtig, daß wir die Bedingungen erfüllen, wie auch um die Erfüllung der Verheißung bitten. Joel läßt dreimal einen gewaltigen Aufruf ergehen, mit Fasten zu Gott zurückzukehren (Joel 1,14; 2,12;15). Gott antwortet ihm mit einer Vision: »Dann wird der Herr um sein Land eifern und sein Volk verschonen« (Vers 18). Er wird Befreiung und Wohlstand schenken und seinen Geist auf alles Fleisch ausgießen. Haben wir überhaupt ein Recht, die Erfüllung dieser wunderbaren Verheißung zu erwarten, ohne die Bedingungen zu erfüllen? Haben wir schon gebetet »von ganzem Herzen, ja unter Fasten«? Haben wir je unter Tränen gebetet? Haben die Priester, die Diener des Herrn, je zwischen Vorhof und Altar geweint? Die verheißene Ausgießung erfordert sowohl Fasten als auch Gebet.

Die Wiederherstellung der Gemeinde

Etwa 500 Jahre vor Christus erkannte Daniel beim Studium von Jeremias Weissagungen, daß die Zeit gekommen war, zu der Gott sein Volk nach Jerusalem zurückbringen würde (Daniel 9,2; Jeremia

29,10). Darum suchte er Gott im Gebet unter Fasten in Sack und Asche und bat um die Erfüllung der Verheißung. Sündenbekenntnis kam zum flehentlichen Gebet, indem er Gott bat, doch sein Angesicht wieder auf sein verlassenes Heiligtum scheinen zu lassen. Dieses Fastengebet Daniels setzte die Räder in Bewegung, die zum bemerkenswertesten Edikt führten, das ein heidnischer Herrscher je verordnete.

Cyrus gab bekannt, daß Gott ihn beauftragt hatte, ihm ein Haus in Jerusalem zu bauen, und daß die Juden, die sich angesprochen fühlten, nach Jerusalem gehen und das Haus des Herrn wiederaufbauen sollten (Esra 1,1–4). So kehrten die ersten Juden der Verbannung unter Serubabel zurück, um den Tempel wieder aufzubauen. Wieder einmal hatten Gebet und Fasten unter der gütigen Hand Gottes den Lauf der Geschichte verändert. Später, bei der Rückkehr unter Esra, spielte das Fasten wieder eine Rolle für die sichere Ankunft der Verbannten mit ihren kostbaren Sendungen für das Haus Gottes (Esra 8,21–23).

Im Alten Bund hatte Gott einen Tempel für sein Volk; im neuen ist sein Volk ein Tempel. Wenn wir heute auf die Gemeinde blicken, die geistliche Wohnung Gottes, wie sehr fällt uns da die Notwendigkeit geistlicher Wiederbelebung auf! Wären die ersten Christen noch unter uns, könnte Gott wohl fragen, »Wer ist unter euch noch übrig, der das Haus in seiner früheren Herrlichkeit gesehen hat? Und wie seht ihr's nun? Sieht es nicht wie nichts aus?« (Haggai 2,3). Um die Gemeinde zu ihrer früheren Kraft und Herrlichkeit zu bringen, ist keine geringere Umwandlung notwendig als diejenige, die vor langer Zeit im Tempel unter Serubabel und Esra notwendig war. Hat Gott sein Volk nicht ermu-

tigt mit den Worten: »Es soll die Herrlichkeit dieses neuen Hauses größer werden als die des ersten gewesen ist« (Haggai 2,9)?
Die Ausgießung des Geistes genügt noch nicht. Der neue Wein braucht heute einen neuen Schlauch genau wie damals, als er am Pfingsttag ausgegossen wurde. Die Erneuerung des Hauses Gottes ist unumgänglich. Sie kostet diesen Männern des alten Testamentes tiefe Fürbitte mit Fasten und Tränen. Bilden wir uns ein, sie billiger zu bekommen – durch Sitzungen, Gespräche und Komitees?

Das Wiederkommen Christi
Unser Ziel ist weder die Ausgießung des Geistes noch die Erneuerung der Gemeinde. Unser Ziel ist nichts weniger als »der Siegespreis unserer hohen Berufung in Christus Jesus.« Die größte Hoffnung der Gemeinde ist die Verheißung der Wiederkunft des Herrn vom Himmel. Er sagte zu seinen Jüngern: »Ich werde wiederkommen.« Dieses Kommen ist offensichtlich kein geistliches, sondern ein wörtlich gemeintes, sichtbares Kommen, wie die Engel den Aposteln mitteilten: »Dieser Jesus, der von euch weg in den Himmel aufgenommen wurde, wird auf dieselbe Weise wiederkommen, wie ihr ihn habt zum Himmel fahren sehen (Apostelgeschichte 1,11). Hier ist die wunderbare, glorreiche Erfüllung aller Zeiten, für die alles vorausgehende Vorbereitung war. Sehnen wir uns nach seiner Wiederkunft? Sind wir eins mit dem Verlangen seines Herzens nach der Ankunft des Tages seiner Rechtfertigung und Krönung? Wenn er uns an jenem Tag ruft, um über unsere Talente Rechenschaft zu geben, müssen wir ihm dann bekennen, daß das Talent des Fastens ungenutzt blieb, daß wir dieses kostbare anvertraute Gut vergraben haben?

Fasten bereitet den Weg für die Ausgießung des Geistes und die Wiederherstellung des Hauses Gottes. In unserer Zeit drückt das Fasten die Erwartung des wiederkommenden, noch abwesenden Bräutigams aus. Bald wird der Mitternachtsruf erschallen: »Siehe, der Bräutigam kommt! Auf, ihm entgegen!« Dann wird es zu spät sein für Fasten und Beten. *Jetzt* ist die Zeit.

SIE FASTETEN

Er weilte mit Fasten, Beten und Lobsingen,
Des Himmels Gnade für sein Volk zu erringen,
Auf dem Berge Sinai, mit strahlendem Blick,
Zu wenden der störrischen Menscheit Geschick.

Einst selbst erhoben aus der Tiefe Schlamm,
Als der Sturm von Widerstand ihm entgegenkam,
Betete der Soldatenkönig oft in seinem Leben,
Durch Fasten und Singen, dem Herrn ergeben.

Ein Seher von großartigen göttlichen Gesichten
Konnte dem König über seinen Traum berichten,
Und was Gott ihm zeigte in prophetischer Schau,
Durch Fasten und Beten deutete er ihm genau.

Die Prophetin wollte im Tempelhof rasten,
Und sah den Knaben, den die beiden gebracht,
Um ihn war sie schon lang mit Beten und Fasten
Und besonderer Fürbitte beim Herrn bedacht.

Er kam, das Joch der Sünden zu vernichten,
Doch eh' seinen Auftrag er konnte verrichten,
Traf er den Feind und durfte ihn besiegen,
Beim Fasten und Beten, ohne ihn zu bekriegen.

»Sondert diese aus«, hatte der Geist geboten,
Ein Quell, der zum reißenden Strom sich erhoben,
Brach hervor durch Männer, beim Fasten und Beten,
Und die zum Herrn mit ihren Lobgesängen flehten.

So werden sie fasten, wenn ich von ihnen gegangen.
War dies kein Wort, dem jedermann sollte anhangen?
Frage unzählige Heilige, die kämpften und siegten,
Allen Widerstand durch Beten und Fasten bekriegten.

Wenn wir aber an jenem großen Tag vor Ihm stehen
Und Rechenschaft geben über das, was geschehen,
Wird Er uns fragen, ob wir in unserem irdischen Leben,
Dem Beten, Singen und Fasten auch Raum gegeben.

Anhang 1

FRAGEN UND ANTWORTEN

1. Wann ist das Fasten nicht ratsam?
   Gibt es Krankheiten oder Umstände, die das Fasten nicht ratsam erscheinen lassen?
   Fasten ist nicht zu empfehlen in Fällen extremer Unterernährung oder nervlicher Erschöpfungszustände, außer für sehr kurze Zeit. Diabetiker sollten ebenfalls nicht fasten, besonders wo Insulin gespritzt wird. Auch für Schwangere ist es nicht ratsam. Wer Zweifel hat, ob er fasten kann, sollte ärztlichen Rat einholen.

2. Fasten während der Arbeit.
   Kann man fasten und gleichzeitig seiner Arbeit nachgehen?
   Das hängt von der Art der Beschäftigung und der Länge des Fastens ab; es ist bei jedem verschieden. Ein Fastentag sollte bei keiner Art von Arbeit Schwierigkeiten machen. Es gibt Hausfrauen und Mütter, die drei Tage und länger fasteten und gleichzeitig den Haushalt versorgten und Mahlzeiten zubereiteten, während sie alle verfügbare Zeit dem Gebet widmeten. Es gibt körperlich schwer arbeitende Menschen, die ohne negative Nebenwirkungen längere Zeit gefastet haben; normalerweise kann dies aber nicht empfohlen werden. Die ideale Situation ist, zu einer solchen Zeit so frei wie möglich zu sein, um Gott zu suchen und auch die erforderliche Ruhe zu haben.
3. Fasten bei Untergewicht.
   Ist es unklug zu fasten, wenn man an Untergewicht leidet?

Dr. H. Shelton erklärt, daß diejenigen, die an Untergewicht leiden, nach einem längeren Fasten normalerweise auf ihr Normalgewicht kommen. Überfütterung und Gewichtsabnahme gehen oft Hand in Hand. Man kann zu viel essen und dabei wenig verarbeiten, wenn die Verdauungsorgane nicht in Ordnung sind. Das wird oft durch das Fasten geheilt, so daß ein solcher Mensch hinterher oft weniger ißt, dafür aber mehr verarbeitet und so das Gewicht normalisiert wird.

4. Durchschnittliche Gewichtsabnahme.
Wieviel verliert man gewöhnlich pro Fasttag?
Das ist bei jedem einzelnen sehr verschieden. Bei einem längeren Fasten ist die Kurve der täglichen Gewichtsabnahme zuerst steiler, dann erreicht sie ein Plateau. Ein guter Durchschnitt sind ca. 2 Pfund pro Tag, später ca. 1 Pfund. Aber Übergewichtige können viel mehr verlieren. Vorausgesetzt, daß man ruht, ist das Fasten das sicherste, wirksamste und gewiß natürlichste Mittel zur Gewichtsabnahme.

5. Fasten und die Darmträgheit.
Soll man während des Fastens Abführmittel nehmen oder Einläufe machen?
Der Darm ist ein ca. 7,5 m langer gewundener Schlauch. Er braucht etwa 24 Stunden, um sich zu entleeren. Es kann sehr wohl vorkommen, daß er nach den ersten Tagen aufhört, zu funktionieren, weil er nicht durch neue Nahrungsaufnahme angeregt wird. Manche empfehlen deshalb, am ersten Fastentag Glaubersalz (2 Eßlöffel auf ½ l warmes Wasser) einzunehmen und dann in regelmäßigen Abständen Einläufe zu machen.

Abführmittel sollte man während des Fastens nicht nehmen.
Dr. Shelton zieht es vor, die Natur ohne Abführmittel und Einläufe selbst walten zu lassen. Er ist der Ansicht, daß der Darm arbeitet, wenn es nötig ist; ansonsten tut ihm eine Ruhepause auch gut. Das scheint die einfachere und natürlichere Weise zu sein, die auch in biblischen Zeiten praktiziert wurde. Während einer längeren Fastenzeit können Speisereste bis zu 3 Wochen lang im Darm bleiben; da aber keine Nahrung aufgenommen wird, kann es auch nicht zu einer »Verstopfung« kommen.
Nach einem längeren Fasten kann es einige Tage dauern, bis der Darm seine Tätigkeit wieder aufnimmt. Man sollte hier einfach geduldig warten und dem Darm Zeit lassen. Danach funktioniert er meistens besser und regelmäßiger als zuvor. Manchen hilft es, morgens als erstes Pflaumen oder Feigen zu essen und täglich Melasse zu trinken.

6. Fasten im Winter.
Soll man im Winter fasten?
Beim Fasten steht nur zweitklassiges Brennmaterial für die Verbrennung zur Verfügung, weshalb die gewöhnliche Körperwärme nicht erzeugt wird. Darum reagiert der Körper viel schneller auf die äußere Kälte. Wenn man sich warm hält, kann man auch ruhig im Winter fasten.

7. Schwindelgefühl.
Kann man das Schwindelgefühl während des Fastens irgendwie ausschalten?
Es ist meist nur ein vorübergehendes Symptom. Manchmal wird es durch raschen Wechsel der

Körperstellung hervorgerufen, besonders durch Aufsitzen nach dem Liegen. Man sollte sich in diesem Fall einfach langsamer bewegen.

8. Schlaflosigkeit.
   Kann man etwas gegen die Schlaflosigkeit tun?
   Sie rührt manchmal daher, daß der Geist überwach ist. Man sollte jede angestrengte geistige Tätigkeit vor dem Schlafengehen meiden und der Versuchung widerstehen, tagsüber zu schlafen (man sollte aber ruhen).

9. Schlechter Mundgeruch.
   Was kann man gegen schlechten Mundgeruch tun?
   Man kann sich Erleichterung durch Mentholstückchen verschaffen, die man auf der Zunge zergehen läßt.

10. Wasser trinken.
    Wieviel Wasser sollte man während der Fastenzeit trinken?
    Manche empfehlen, so viel wie möglich zu trinken in der Annahme, daß dies den Ausscheidungsprozeß durch Ausschwemmen fördert. Es bestehen aber Zweifel über die Richtigkeit dieser Annahme. Es ist besser, den Bedürfnissen des Körpers gemäß zu trinken. Ab und zu Wasser zu trinken, hilft außerdem, das Verlangen nach Speise und gelegentliche Schwächegefühle abzuwehren. Es kann heiß, kalt (aber nicht gekühlt) oder lauwarm getrunken werden. Eine Scheibe Zitrone im Wassergefäß nimmt ihm den metallenen Geschmack.

11. Praktische Maßnahmen.
Was sollte man noch in der Fastenzeit beachten?
Man sollte täglich duschen oder baden mit warmem, aber nicht mit heißem Wasser; tief durchatmen, mit besonders gründlichem Ausatmen; regelmäßige Gymnastik (nicht zu anstrengend), außer bei großer Schwäche.

12. Falsche Eindrücke.
Kann der Fastende nicht auch Eindrücken und Stimmen unterworfen sein, die nicht von Gott stammen?
Das ist wahr. Fasten macht empfindsam für die Geisteswelt, sowohl die göttliche als auch die satanische. Aber nur, wenn Satan bereits einen Zugang zum Leben des Menschen hat, wird dieser satanischen Eindrücken unterworfen, wenn er fastet. Auf diese Weise wird manchmal erst offenbar, daß Satan überhaupt Zugang zu einem Menschen hat und so wird das Fasten zum ersten Schritt in der Befreiung dieses Menschen. Wo solche Zugänge nicht vorhanden sind, haben wir nichts zu befürchten, wenn wir demütig vor Gott bleiben und mit der himmlischen Waffenrüstung bekleidet sind. Gott hat ja das Fasten nicht dazu angeordnet, daß wir für Satan verwundbar werden.

Anhang 2

GESUND ESSEN

Das Gebiet der Ernährungswissenschaft ist so umfangreich, daß sie weit über die Grenzen dieses Buches hinausgeht. Dennoch macht gerade das Fasten auf vernünftige Eßgewohnheiten aufmerksam, sowohl auf das Was als auch auf das Wie. »Manche Leute essen, um zu leben; andere leben, um zu essen.« Manche essen mit Rücksicht auf ihre Gesundheit, andere befriedigen ausschließlich ihren Appetit. Falsches Essen ist die Ursache vieler Krankheiten. Auf höchster Ebene schulden wir es Gott, der uns diese Leiber gegeben hat, sie so fit wie möglich zu halten, um ihm damit zu dienen.

Was wir essen sollen, wird vielleicht durch das Wort des Apostels bestimmt: »Esset alles, was euch vorgesetzt wird und forschet nicht nach!« Wenn wir wählen können, sollten wir uns – ohne extrem oder fanatisch zu werden – für gesundheitsfördernde Nahrung entscheiden, statt für solche, die nur unseren Appetit kitzeln. Das ist sicher im Befehl des Apostels enthalten, zur Ehre Gottes zu essen und zu trinken.

Der Mensch gelangt immer mehr zur Überzeugung, daß er die Natur in seinem wissenschaftlichen Labor nachahmen oder gar verbessern kann. Das trifft besonders auf die Nahrungsindustrie zu. Was wir heute essen und trinken ist vielfach aus Dosen, ist vorbehandelt, verfeinert, haltbar gemacht, entwässert, pasteurisiert oder sonstwie chemisch behandelt – angeblich zu unserem Wohl und zu unserer Sicherheit!

Aus unzähligen Erfahrungen in diesem Zusammenhang sagt Dr. Herbert Shelton: »Meiner Ansicht nach ist die Feuerprobe für ein Nahrungsmittel seine Eignung, den Bedürfnissen eines menschlichen Organismus zu genügen zu einem Zeitpunkt, wo er ein längeres Fasten beendet hat. In meiner ganzen Erfahrung auf dem Ernährungsgebiet habe ich keine synthetisch hergestellte Nahrung gefunden, die mit den unberührten Produkten des Gartens, der Bäume und des Feldes verglichen werden kann ... Ich kann nicht genug betonen, wie wichtig es ist, täglich frisches, ungekochtes Obst und Gemüse zu essen.

Zum Schluß noch einige erprobte Regeln für gesundes Essen:

1. Iß nur so viel, daß dein Hunger gestillt wird, dann höre auf. Iß nicht weiter, nur um deinen Appetit zu befriedigen.
2. Iß langsam und kaue gründlich. Laß lieber etwas stehen, als den Rest in dich hineinzustopfen.
3. Entspanne dich. Angespannte Konzentration, Nervosität und Gefühlsstörungen beeinträchtigen die Verdauung.
4. Gewöhne dir an, zwischen den Mahlzeiten statt zu den Mahlzeiten zu trinken.
5. Erlaube dir keine »Imbisse« zwischen den Mahlzeiten.
6. Vermeide eine schwere Mahlzeit am späten Abend. Deine Verdauungsorgane brauchen auch Ruhe.
7. Informiere dich über die natürlichen, gesunden Nahrungsmittel und sorge dafür, daß diese den Hauptteil deines Speiseplanes ausmachen. (Deine Buchhandlung oder Reformhaus werden dir viele Schriften empfehlen können, die gerade heute zum Thema Nahrungsreform auf dem Markt sind.)

8. Meide Tee und Kaffee (es gibt genug Ersatz dafür) oder halte dich mit dem Genuß in Grenzen. Sie haben überhaupt keinen Nährwert und können als anregende Mittel gewohnheitsbildend werden. »Alles ist mir erlaubt, aber nichts soll mich gefangennehmen.«

VERZEICHNIS DER BIBELSTELLEN

1. Mose 24,23	Abrahams Knecht sucht eine Braut für Isaak.
2. Mose 34,28	Moses erstes Fasten von 40 Tagen auf Sinai.
3. Mose 16,29.31	Am Versöhnungstag.
3. Mose 23,11.14	Bis die Garbe als Schwingopfer dargebracht ist.
3. Mose 23,27.32	Am Versöhnungstag.
4. Mose 6,3.4	Das Gesetz über die Gottgeweihten.
4. Mose 29,7	Am Versöhnungstag.
5. Mose 9,9.18	Moses zweimaliges Fasten von vierzig Tagen auf Sinai.
Richter 20,26	Israel nach seiner Niederlage durch Benjamin.
1. Samuel 1,7.8	Hannas Gebet um ein Kind.
1. Samuel 7,6	In Mizpa unter Samuel.
1. Sam. 14,24–30	Der Fluch Sauls im Kampf.
1. Samuel 20,34	Jonathan ist bekümmert über Sauls Haß gegen David.
1. Samuel 28,30	Saul in der Schlacht vor seinem Tod.
1. Samuel 30,11.12	Ägyptischer Sklave, den David auf dem Feld fand.
1. Samuel 31,13	Die Leute, die Saul und seine Söhne begruben.
2. Samuel 1,12	David und seine Leute bei der Nachricht von Sauls Tod.
2. Samuel 3,35	David nach dem Tode Abners.
2. Samuel 11,11	Urias Selbstdisziplin zur Zeit des Kampfes.
2. Samuel 12,16–23	David für das Kind der Bathseba.

1. Könige 13,8–24	Der Prophet ruft gegen den Altar in Bethel.
1. Könige 17,6.16–16	Elias magere Kost am Krith und in Zarpath.
1. Könige 19,8	Elia auf seiner Reise zum Horeb.
1. Könige 21,4.5	Ahab nach der Weigerung Naboths.
1. Könige 21,9.12	Naboth, auf Isebels Anstiftung obenan gesetzt.
1. Könige 21,27	Ahab bei seiner Selbstdemütigung.
1. Chronik 10,12	Die Leute, die Saul und seine Söhne begruben.
2. Chronik 20,3	Von Josafat vor der Schlacht ausgerufen.
Esra 8,21–23	Von Esra am Fluß bei Ahawa ausgerufen.
Esra 10,6	Esra klagt über die Untreue der Verbannten.
Nehemia 1,4	Nehemia für den Wiederaufbau Jerusalems.
Nehemia 9,1	Die Leute von Jerusalem bekennen ihre Sünden.
Ester 4,3	Die Juden nach Hamans Anschlag.
Ester 4,16	Vor der Audienz beim König von Ester ausgerufen.
Ester 9,31	In Verbindung mit dem Fest Purim.
Hiob 33,19.20	Als Folge von Schmerz und Krankheit.
Psalm 35,13	David für andere, die krank waren.
Psalm 42,3	Als dem Psalmisten seine Tränen zur Nahrung wurden.

Psalm 69,10	Der Grund dafür, daß David geschmäht wurde.
Psalm 102,4	Der Psalmist vergißt in seiner Anfechtung das Essen.
Psalm 107,17.18	Als Ergebnis von Krankheit.
Psalm 109,24	Der Grund für Davids körperliche Schwachheit.
Jesaja 58	Fasten, wie es Gott gefällt.
Jeremia 14,12	Was Gott nicht annimmt.
Jeremia 36,6.9	Baruch liest Jeremias Schriftrolle am Fasttag.
Daniel 1,12–16	Daniel und seine Freunde weigern sich, des Königs Kost zu essen.
Daniel 6,18	Darius, als Daniel sich in der Löwengrube befand.
Daniel 9,3	Daniel betet für Jerusalem.
Daniel 10,2.3	Daniels dreiwöchiges Teilfasten.
Joel 1,14	Im Blick auf den Tag des Herrn.
Joel 2,12	Rückkehr zu Gott von ganzem Herzen.
Joel 2,15	Ausgerufen durch Blasen einer Trompete in Zion.
Jona 3,5–9	Vom Volk und König von Ninive ausgerufen.
Sacharja 7,3–5	Beim Leidtragen im fünften und siebten Monat.
Sacharja 8,19	Im vierten, fünften, siebten und zehnten Monat.
Matthäus 4,2	Unser Herr, vierzig Tage lang.
Matthäus 6,16–18	Nicht so, wie die Heuchler.
Matthäus 9,14.15	Die Jünger des Johannes und die Pharisäer.

Matthäus 9,15	Die Gäste, wenn der Bräutigam von ihnen gegangen ist.
Matthäus 11,18	Johannes der Täufer lebt enthaltsam.
Matthäus 15,32	Zustand der Viertausend, bevor unser Herr sie speiste.
Matthäus 17,21	Diese Art fährt nur so aus.
Markus 2,18	Die Jünger des Johannes und die Pharisäer.
Markus 2,19.20	Die Gäste, wenn der Bräutigam von ihnen gegangen ist.
Markus 9,3	Zustand der Viertausend, bevor unser Herr sie speiste.
Markus 9,29	Diese Art fährt nur so aus.
Lukas 2,37	Hanna betete im Tempel.
Lukas 4,2	Unser Herr, vierzig Tage lang.
Lukas 5,33	Die Jünger des Johannes und die Pharisäer.
Lukas 5,34.35	Die Gäste, wenn der Bräutigam von ihnen gegangen ist. Johannes der Täufer lebt enthaltsam.
Lukas 18,12	Der überhebliche Pharisäer, zweimal die Woche.
Apostelgeschichte 9,9	Saulus von Tarsus nach seiner Begegnung mit Christus.
Apg. 13,2.3	Die Propheten und Lehrer in Antiochien.
Apg. 14,23	Bei der Einsetzung der Ältesten in den Gemeinden.
Apg. 23,12–21	Die Juden, die sich verschworen hatten, Paulus zu töten.
Apg. 27,9	Erwähnung des jährlichen Versöhnungstages.
Apg. 27,21–33	Die Leute, die bei Paulus waren, vor dem Schiffbruch.

Römer 14,21	Verzicht um des schwächeren Bruders willen.
1. Korinther 8,13	Verzicht um des schwächeren Bruders willen.
2. Korinther 6,5	Ein Bestandteil des Dienstes des Apostels.
2. Korinther 11,27	Auf der Liste der Leiden des Paulus.
1. Timotheus 4,3	Falsche Lehrer, die Enthaltsamkeit gebieten.

Im gleichen Verlag sind ferner als Taschenbücher erschienen:

R. A. Torrey: DER HEILIGE GEIST
Das wachsende Interesse an diesem Buch macht es zu einem Standardwerk über das Thema. Der Autor predigt klar und verständlich über das Wesen und die Auswirkungen des Heiligen Geistes: Der Heilige Geist überführt die Menschen von ihrer Sünde – Wie man völlig und für immer ohne Mangel leben kann – Die Taufe mit dem Heiligen Geist: Wie man sie empfangen kann.

E. M. Bounds: KRAFT DURCH GEBET
Bounds, methodistischer Prediger in Amerika, ist der Überzeugung: »Die Gemeinde des Herrn braucht keine neuen Organisationen, keine ausgeklügelten Methoden, sondern vom Heiligen Geist gesalbte und mit Seiner Kraft ausgerüstete Männer des Gebets. Der Heilige Geist wirkt nicht durch Methoden, sondern durch Menschen. Er heiligt nicht Pläne, sondern Menschen des Gebets.«

R. A. Torrey: DIE MACHT DES GEBETS
Dieses Buch enthält Botschaften über das Gebet, die viele zu einem intensiven Gebetsleben angespornt haben, besonders um die Jahrhundertwende, als in vielen Teilen der Welt durch das anhaltende Gebet eine Erweckung gegeben wurde.

John R. Rice: BITTEN UND EMPFANGEN
Gebetslosigkeit ist eine furchtbare Sünde. Für den verlorenen Sünder bedeutet sie einen Teil seiner Ablehnung Christi. Das gebetslose Kind Gottes wird rückfällig im Glauben. Es gibt überhaupt keine Sünde in der Welt, an der die Gebetslosigkeit nicht teilhat. Durch echten Gebetsgeist kann die Sünde verhindert oder geheilt werden. Tausende sind bereits durch dieses Buch zum Gebet ermutigt worden und haben durch Gebet Tag für Tag empfangen, was sie brauchen.

Samuel Brengle: HILFE ZUR HEILUNG
Es ist eines der bekanntesten Bücher über das Thema Heiligung. Mehr als 500000 Exemplare wurden davon in mindestens elf Sprachen verkauft. Der Gründer der Heilsarmee, General Booth, erklärte, daß es jahrelang ihr Bestseller war. Dieses Buch hat das Leben und Wirken vieler großer Männer beeinflußt.